I0821217

Cada Día Es un Don

ABREVIATURAS DE LOS LIBROS DE LA BIBLIA

Abd – Abdías
Ag – Ageo
Am – Amós
Ap – Apocalipsis
Bar – Baruc
Cnt – Cantares
1 Co – 1 Corintios
2 Co – 2 Corintios
Col – Colosenses
1 Cr – 1 Crónicas
2 Cr – 2 Crónicas
Dn – Daniel
Dt – Deuteronomio
Ec – Eclesiastés
Eclo – Eclesiástico
Ef – Efesios
Esd – Esdras
Est – Ester
Ex – Exodo
Ez – Ezequiel
Fil – Filipenses
Flm – Filemón
Gá – Gálatas
Gn – Génesis
Hab – Habacuc
Hch – Hechos
He – Hebreos
Is – Isaías
Jdt – Judit
Jl – Joel
Jn – Juan
1 Jn – 1 Juan
2 Jn – 2 Juan
3 Jn – 3 Juan
Job – Job
Jon – Jonás
Jos – Josué
Jr – Jeremías
Jud – Judas
Jue – Jueces
Lc – Lucas
Lev – Levítico
Lm – Lamentaciones
1 Mac – 1 Macabeos
2 Mac – 2 Macabeos
Mal – Malaquías
Mc – Marcos
Mi – Miqueas
Mt – Mateo
Nah – Nahúm
Neh – Nehemías
Nm – Números
Os – Oseas
1 Pe – 1 Pedro
2 Pe – 2 Pedro
Pr – Proverbios
1 Re – 1 Reyes
2 Re – 2 Reyes
Ro – Romanos
Rt – Rut
Sab – Sabiduría
Sal – Salmos
1 Sm – 1 Samuel
2 Sm – 2 Samuel
Sof – Sofonías
Stg – Santiago
1 Ti – 1 Timoteo
2 Ti – 2 Timoteo
Tit – Tito
Tob – Tobit
1 Ts – 1 Tesalonicenses
2 Ts – 2 Tesalonicenses
Zac – Zacarías

"Esto es el día que ha hecho el Señor; gocemos y alegrémonos en él!"

—Sal 118:24

Cada Día Es un Don

PEQUEÑAS MEDITACIONES PARA CADA DIA TOMADAS DE LA SANTA BIBLIA Y DE LOS ESCRITOS DE LOS SANTOS

Introducción por el
Rev. Frederick Schroeder

Ilustrado

CATHOLIC BOOK PUBLISHING CORP.
Nueva Jersey

CONTENIDO

NIHIL OBSTAT: Rev. Anthony J. Figueiredo, S.T.D.
Censor Librorum

IMPRIMATUR: ✠ Most Rev. John J. Myers, J.C.D., D.D.
Arzobispo de Newark

(T-595/19S)

ISBN 978-1-937913-58-8

Impreso en China 25 HA 2
catholicbookpublishing.com

INTRODUCCION

"Ahora esperamos por el DIA esperando que la salvación que se nos ha prometido sea nuestra cuando Cristo vuelva en Su gloria" (Prefacio de Adviento I).

Cada día es un don de Dios para cada persona. Para el Cristiano, en especial para el que ora, cada día es especial. Lo que lo hace así es que la fe Cristiana sustentada por la oración revela toda una nueva dimensión a todos y cada uno de los días. Si lo creemos y actuamos sobre ello, como lo hace el Cristiano que ora, es la oración la que pone esa persona en contacto con el mundo espiritual. Este es el mundo invisible de la unión con Dios con el Cristo Resucitado, lo es también con nuestros hermanos y hermanas, y aún con los Santos que ya viven los días eternos (en el cielo).

¿Qué es lo que hace que un día sea más fructífero, más significativo y mucho más feliz para la persona que ora? La respuesta es Jesús. Es El quien trae la alegría y la paz a la vida de la persona que ora.

Una ojeada a cada una de las fuentes tradicionales de estas "Pequeñas Meditaciones" nos señala cuán rica nuestra vida de oración se hace si la anclamos no en nuestras propias palabras mas en las palabras de Dios. La palabra de Dios se nos muestra para presentarnos a Dios Mismo. La palabra de Dios nos llega en lo que dijo el Señor, en las palabras de personas como Pablo, Pedro, Salomón, Isaías y otros Profetas, los autores de los Salmos y de los libros de la Sabiduría. Esto mismo nos indica un período de tiempo que abarca desde el primer día, pudiéramos así decirlo, cuando Dios habló a los seres humanos o cuando estos comprendieron que Dios les estaba hablando y no terminará hasta el último día. En verdad ni aún entonces terminará porque la palabra de Dios es eterna ("El cielo y la tierra pasarán, pero Mis palabras no pasarán").

Esta comprensión del poder de la oración—cada día en que se ora y vive en la forma que Dios lo desea—comienza el día eterno o, en cierto sentido, anticipa y nos hace presentes aquí el día eterno. Ello es así por varias razones. Al decir estas oraciones nos unimos con los Santos quienes dijeron algunas de estas oraciones cuando estaban en el mundo. Orar y meditar acerca de estas Sagradas Escrituras, oraciones de los Salmos y palabras de estos grandes hombres y mujeres nos une a aquellos que marcharon delante de nosotros y que ahora alaban a Dios en el cielo.

Ello nos muestra una característica muy especial de este libro, es decir, además de todas las palabras maravillosas de la Biblia tenemos las palabras y los pensamientos de los Santos que ya están en el cielo, los cuales oraron y se esforzaron como nosotros lo hacemos hoy y, si nos atrevemos a decirlo, los Santos que todavía viven en nuestro mundo de hoy.

La meditación y la oración de cada día se componen de un texto de las Escrituras, de las palabras de un Santo y de una oración por alguna gracia, junto con las ilustraciones como un toque espiritual.

Entonces este libro se les presenta con la esperanza de hacer que Cristo, los grandes personajes bíblicos y conciudadanos nuestros—los Santos en el cielo al igual que aquellos que oran en esta tierra—se nos presenten cada día para unirnos a ellos hoy y para siempre con Dios.

Padre Frederick Schroeder

Cuando la reserva de vino se acabó la Madre de Jesús . . . dijo a los sirvientes, "Haced lo que El os diga." **—Jn 2:3-5**

Enero 1

MEDITACION. Jamás permitamos que María se aleje de nuestros labios y de nuestro corazón. Y para obtener los frutos de sus oraciones no olvidemos el ejemplo de su vida.

Con su ayuda, nunca caeremos. Bajo su protección, nunca temeremos. Bajo su guía, nunca nos cansaremos. Y con su ayuda alcanzaremos nuestro destino celestial. *— San Bernardo*

ORACION. *Padre Celestial, manténme cerca de Tu más hermosa hija María en toda mi vida. Ayúdame a llegar a Jesús a través de María.*

Al octavo día, cuando llegó el día para la circuncisión del Niño, Le fue dado el Nombre de Jesús. **—Lc 2:21**

Enero 2

MEDITACION. El Nombre de Jesús es un Nombre de júbilo. Cuando el recuerdo de nuestros pecados nos oprima, este Nombre nos devuelve nuestra alegría.

Este Nombre poderoso nos recuerda que el Hijo de Dios se hizo hombre para ser nuestro Salvador. *— San Alfonso de Ligorio*

ORACION. *Oh, Señor Jesús, haz que Tu santo Nombre esté siempre en mis pensamientos, en mis labios y en mi corazón. Permite que me de fuerzas durante toda mi vida y especialmente en el momento de mi muerte.*

Enero 3 ***He venido para que tengan vida y la tengan en abundancia. . . . La vida eterna es esto: conocerte a Ti, el único Dios verdadero, y Aquel que Tú enviaste, Jesucristo.*** **—Jn 10:10; 17:3**

MEDITACION. La vida apropiada para el alma Cristiana, al igual que para la familia Cristiana, es la vida divina. *— Papa Pío XII*

ORACION. *Dios Todopoderoso, ayúdame a hacer siempre aquellas obras que conducen a la vida verdadera. Concédeme compartir en la vida de la Trinidad (Padre, Hijo y Espíritu Santo) en la tierra y obtener la plenitud de esa vida para siempre en el cielo.*

Enero 4 ***Así al aparecer el Pastor soberano, recibiréis la inmarcesible corona de la gloria.*** **—1 Pe 5:4**

MEDITACION. Ustedes son hijos de la eternidad. La corona inmortal les aguarda, y el mejor de los Padres los espera para recompensar vuestro deber y amor.

Quizás sea cierto que aquí siembran en lágrimas, pero pueden estar seguros de cosechar allí en júbilo. *— Santa Isabel Ana Seton*

ORACION. *Padre Celestial, gracias Te doy por hacer de mí un hijo de la eternidad. Ayúdame a vivir cada día de tal forma, que merezca ser Tu hijo para siempre.*

¿Dónde está el Rey de los judíos que acaba de nacer? Porque hemos visto Su estrella al oriente y venimos a adorarle. —Mt 2:1-2

Enero 5

MEDITACION. La gracia de Dios es una semilla que no debemos aplastar. Debemos cooperar con ella.

Ello es especialmente cierto de aquellas inspiraciones que nos llevan a realizar actos de virtud en alguna ocasión. Esta cooperación en la gracia es a veces la esencia misma de nuestra felicidad. *—San Claudio de la Colombière*

ORACION. *Padre Celestial, concédeme imitar a los Magos y estar dispuesto siempre a cooperar con Tu gracia—bien sea que venga de fuera o de mi propio interior.*

Llegando a la casa, vieron al Niño con María, Su Madre. Y cayendo de rodillas, Le rindieron homenaje. —Mt 2:9-11

Enero 6

MEDITACION. Si nos acercamos con fe, también veremos a Jesús . . . ; ya que la mesa de la Eucaristía ocupa el lugar del pesebre.

Aquí está presente el Cuerpo del Señor, envuelto no en pañales, mas en los rayos del Espíritu Santo. *—San Juan Crisóstomo*

ORACION. *Señor Dios, enséñame a ver la presencia viva de Tu Divino Hijo en la Eucaristía. Haz que mi fe sea tan vívida que venga con júbilo al encuentro de Jesús en cada Misa.*

Enero 7 ***No juzguen para que no sean juzgados. Porque serán juzgados en la misma forma que juzgan a los demás.***

—Mt 7:1-2

MEDITACION. La precipitación por juzgar se debe evitar por dos razones.

Pone en peligro las conciencias de los jueces y también pone en peligro la inocencia de los acusados. —*San Francisco de Sales*

ORACION. *Oh Señor, permíteme controlar el deseo de juzgar a los demás. Ayúdame a dirigir mis pensamientos sobre mí mismo para poder permanecer libre de pecado y recibir un juicio favorable de Tu parte.*

Enero 8 ***Nuestro Padre Celestial conoce todas nuestras necesidades. Concentremos más bien nuestra atención en Su Reino, y recibiremos todo lo demás por añadidura.*** —Mt 6:33

MEDITACION. Si deseamos preocuparnos verdaderamente por nuestros intereses espirituales y temporales debemos actuar como sigue.

Debemos ante todo ocuparnos de las cosas de Dios y preocuparnos de las necesidades de nuestro prójimo. —*San Juan Bosco*

ORACION. *Querido Señor, no permitas que me cierre tanto en mi propio interés. Ayúdame a hacer siempre las cosas que Te agradan y el bien por los demás.*

Dichosos ustedes cuando por Mi causa la gente los insulte. . . . Alégrense y estén contentos, porque es grande su recompensa en el cielo. **—Mt 5:11-12**

Enero 9

MEDITACION. Los héroes del Evangelio fueron perseguidos porque proclamaron su fe en Jesús. Estos son los verdaderos hombres sabios.

En la tierra sembraron su semilla en la humillación y las penas. Algún día recogerán la cosecha con alegría y júbilo.

— Beato Teófanes Venard

ORACION. *Señor Jesús, concédeme el valor de confesar mi fe en Tu Nombre. Permite que siempre esté al tanto de Tu presencia.*

Por tanto, no se preocupen por el mañana, porque el mañana se resolverá por sí mismo. Cada día trae sus propias inquietudes.

—Mt 6:34

Enero 10

MEDITACION. Esforcémonos por hacer que el momento presente sea hermoso.

Lamentemos especialmente la menor cantidad de tiempo que malgastemos o perdamos en lugar de amar a Dios. *— San Juan de la Cruz*

ORACION. *Señor Dios, ayúdame a recordar que el ayer se ha ido para siempre y que el mañana quizás nunca llegue. Concédeme vivir el presente y esforzarme por hacer Tu voluntad.*

Enero 11

Lo que les digo es esto: No juren nunca. . . . Digan: "Sí" si desean decir que "Sí", y "No" si lo que quieren decir es "No". Todo el resto proviene del mal. **—Mt 5:34-37**

MEDITACION. Debemos tener tanto amor a la verdad que nuestras palabras parezcan juramentos.

— San Paulino

ORACION. *Señor Jesús, Tu eres la Verdad. Concédeme un gran amor por toda la verdad. Permíteme dedicarle mi vida y no decir nada más que la verdad en todo momento.*

Enero 12

En verdad, en verdad les digo que a menos que un grano de trigo caiga en la tierra y muera, sigue siendo un grano de trigo. Sin embargo, si muere, produce mucho fruto. **—Jn 12:24**

MEDITACION. Dios ha hecho que el hombre sea tan noble que todo sufrimiento que nos purifica y cada esfuerzo que nos levanta nos alegra mientras nos hace mejores.

—San Agustín

ORACION. *Querido Jesús, ayúdame a aceptar mis sufrimientos siguiendo Tu ejemplo, de modo que así pueda llegar a ser mejor. Permíteme unirme a Ti en cada sufrimiento.*

Confía en el Señor con todo tu corazón, y no te apoyes en tu prudencia.

—Pr 3:5

Enero 13

MEDITACION. En nuestro intento por penetrar en la verdad de Dios somos detenidos entre los lazos de la ignorancia por la debilidad de nuestras mentes.

Comprendemos los pensamientos Divinos prestando atención juiciosa a las enseñanzas de Dios y obedeciendo la fe que nos lleva más allá del simple entendimiento humano.

— San Hilario

ORACION. *Oh Dios Omnisapiente, concédeme la gracia de llegar a un mejor conocimiento de Tus verdades. Permíteme no sólo creer en ellas sino también cumplirlas en mi vida diaria.*

Entonces iré al altar de Dios, el Dios de mi alegría y exaltación. **— Sal 43:4**

Enero 14

MEDITACION. Debemos esforzarnos por ponernos completamente en manos de Dios.

Entonces El hará que sintamos los efectos de Su bondad y protección—que a veces son extraordinarios. *— San Juan Bautista de la Salle*

ORACION. *Oh, Señor, concédeme vivir constantemente en Tu presencia. Permite que pueda poseer un espíritu de alegría y júbilo causados por el firme conocimiento de que Tu siempre estás conmigo.*

Enero 15 ***¿Hay algún padre de entre ustedes que le de una serpiente a su hijo, cuando éste le pide un pez?*** **—Lc 11:11**

MEDITACION. No es suficiente que los padres Cristianos alimenten solamente el cuerpo de sus hijos; puesto que hasta los animales lo hacen.

También ellos deben alimentar sus almas en la gracia, en la virtud y en los santos mandamientos de Dios. *—Santa Catalina de Siena*

ORACION. *Padre Celestial, concédeme algo de Tu infinito amor de Padre por Tus hijos. Enséñame a inspirar a mis hijos a conocerte, amarte y servirte.*

Enero 16 ***Oh, Señor, a Ti clamo; apresúrate en socorrerme. Escucha mi voz cuando Te imploro. Deja que mi oración sea como incienso delante de Ti.*** **—Sal 141:1-2**

MEDITACION. La oración es la primera expresión de nuestra verdad interior, la primera condición de una auténtica verdad espiritual.

La oración presta significado a toda la vida, a todo momento y en toda circunstancia.

— San Juan Pablo II

ORACION. *Padre Todopoderoso, permíteme comprender que la oración es el aliento de la vida Divina. Concédeme usarla cada día de mi vida.*

¿Qué puede dar un hombre a cambio de su vida? **—Mt 16:26**

Enero 17

MEDITACION. Todas las cosas de este mundo tienen su precio o se cambian por otra de igual precio.

¡Pero la promesa de la vida eterna se compra a precio de ganga!

— San Antonio el Ermitaño

ORACION. *Señor de todos, ayúdame a estar dispuesto a pagar el precio por recibir la vida eterna. Concédeme ofrecerme a Ti en todo lo que digo y hago cada día.*

Como el Padre Que Me envió vive y Yo vivo por El, así también el que Me come vivirá por Mí. **—Jn 6:57**

Enero 18

MEDITACION. La Santa Eucaristía es un fuego que purifica y consume todas nuestras miserias e imperfecciones.

Haga todo lo que pueda para ser digno de la Eucaristía, y este Fuego Divino se ocupará del resto. *— San Jacinto de Mariscotti*

ORACION. *Dios Vivo, Tú me has dado la Eucaristía como alimento para mi vida celestial. Ayúdame a participar de ella frecuentemente y así fortalecerme para mi peregrinaje terrenal.*

Enero 19

Por qué pasan todo el día sin hacer nada?

—Mt 20:6

MEDITACION. El agua que no corre, se detiene y queda estancada se llena de impurezas.

De esta misma forma, el cuerpo malgastado por una inactividad prolongada produce y alimenta el fuego de la envidia y de los placeres ilícitos.

—San Bernardo

ORACION. *Padre todo creador, ayúdame a trabajar con diligencia cada día de mi vida. Permite que siempre pueda poner de lado la pereza como obra del diablo y hacer mi pequeña parte para crear el mundo según Tu santa Voluntad.*

Enero 20

El mismo Padre los ama porque ustedes Me han amado y creído que Yo he venido de Dios.

—Jn 16:27

MEDITACION. Pensar en Dios en realidad no es difícil, porque normalmente pensamos en aquellos que amamos.

Me gusta meditar sobre el Padre Nuestro. Es tan bueno perseverar en el hecho de que Dios es nuestro Padre.

—Santa Teresa del Niño Jesús

ORACION. *Padre Celestial, ayúdame a comprender que Tú eres realmente un Padre para todos los seres humanos. No me permitas dudar jamás de Tu inmenso amor por mí y tratar de devolverte ese amor.*

La fe es la seguridad de aquello que esperamos, y la convicción de las cosas que no vemos. **—He 11:1**

Enero 21

MEDITACION. A menos de que poseamos la luz de la fe, caminaremos en las tinieblas.

Seremos como los ciegos para quienes el día se ha convertido en noche.

—Santa Catalina de Siena

ORACION. *Dios Fiel, concédeme la luz de Tu fe. Permíteme creer en Ti que no puedes engañar ni ser engañado, y disfrutar por siempre los frutos de una fe verdadera.*

Si Tu ley no fuera mi gozo ¡ya habría perecido en mi aflicción! **—Sal 119:92**

Enero 22

MEDITACION. La meditación hace que la vida sea honesta y ordenada e imparte el conocimiento de las cosas humanas y divinas. *—San Bernardo*

ORACION. *Padre Amante, ayúdame a meditar cada día sobre las cosas divinas. Concédeme que pueda apartar momentos especiales cuando esté consciente solamente de Tu sagrada presencia y de mí mismo.*

Enero 23 ***Todo tiene su momento bajo el cielo . . . tiempo para llorar y tiempo para reír; tiempo para lamentar y tiempo para bailar.***
—Ec 3:1-4

MEDITACION. El tiempo de descansar debe aprovecharse para relajar el espíritu y aumentar la salud del alma y del cuerpo. Estos beneficios están disponibles a través del estudio y actividad espontáneos y a través de viajes. . . .

Estos beneficios también se obtienen con ejercicios físicos y eventos deportivos.

— Vaticano II: La Iglesia en el Mundo Moderno, 61

ORACION. *Dios Imperecedero, enséñame a apreciar cada momento que en Tu gracia Tú me das en esta vida. No permitas que nunca malgaste o abuse de la más mínima parte de los mismos.*

Enero 24 ***Carguen con Mi yugo y aprendan de Mí, porque soy manso y humilde de corazón.***
—Mt 11:29

MEDITACION. Si hubiera algo mejor que la mansedumbre, ciertamente Dios nos lo hubiera dicho.

Pero El nos exhorta sobre todo a ser mansos y humildes de corazón.

—San Francisco de Sales

ORACION. *Señor Jesús, enséñame lo que significa la verdadera mansedumbre. Inspírame para practicarla siguiendo Tu ejemplo en todas las circunstancias de mi vida.*

Por tanto, mientras tenemos tiempo, hagamos el bien a todos los hombres—especialmente a los hermanos en la fe.

—Gá 6:10

Enero 25

MEDITACION. La cortesía es una de las cualidades de Dios, Quien envía el sol y la lluvia a los justos y los injustos por su cortesía.

La cortesía es hermana de la caridad por la cual el odio es conquistado y el amor es premiado. *— San Francisco de Asís*

ORACION. *Dios de bondad, ayúdame a hacer que la cortesía Cristiana sea la regla de mi vida. Déjame mostrar esa cortesía a todos en cada circunstancia—de modo que pueda imitarte verdaderamente.*

Ustedes son la luz del mundo. . . . Así brille la luz de ustedes delante de los hombres, de manera que puedan ver sus buenas obras y alabar a su Padre que está en el cielo.

—Mt 5:14, 16

Enero 26

MEDITACION. Apenas sería necesario enseñar la doctrina si nuestras vidas fueran bastante brillantes.

Si nos comportáramos como verdaderos Cristianos, no habría paganos. *—San Juan XXIII*

ORACION. *Padre de las luces, permite que mi vida sea iluminada por la luz de Cristo. Permíteme irradiar esa vida a los demás en todas mis obras.*

Enero 27

Al siervo del Señor no le conviene altercar, sino mostrarse manso con todos. **—2 Ti 2:24**

MEDITACION. Mostrad gentileza hacia todos, teniendo especialmente cuidado de que aquello que habéis ordenado nunca se haga debido a la fuerza.

Dios ha dado el libre albedrío a todos y por lo tanto jamás forza nadie—mas solamente indica, llama y persuade. *—Santa Angela de Merici*

ORACION. *Padre Celestial, enséñame cómo tratar amablemente a aquellos bajo mi mando. Ayúdame a disuadir más bien que a usar la fuerza para hacer lo debido.*

Enero 28

La obediencia vale más que los sacrificios y la docilidad más que las grasas de los carneros. **—1 Sm 15:22**

MEDITACION. La obediencia nos une tan cercanamente a Dios que en cierta forma nos transforma en El, así que no tenemos otra voluntad que la Suya.

Si hay falta de obediencia, aún la oración no será agradable a Dios. *—Santo Tomás de Aquino*

ORACION. *Señor Omnisciente, enséñame a apreciar la obediencia a Tus leyes y a Tu Voluntad. Concédeme poderte obedecer por completo en todas las cosas.*

Debéis tener paciencia para hacer la Voluntad de Dios y así recibir lo que El ha prometido. **—He 10:36**

Enero 29

MEDITACION. La paciencia es la médula o núcleo de la caridad.

No hay caridad sin paciencia. Tampoco hay paciencia sin caridad.

— Santa Catalina de Siena

ORACION. *Dios de infinita paciencia, ayúdame a hacer Tu Voluntad con paciencia. Enséñame ser paciente con los demás por amor a Ti.*

Dejen crecer juntos hasta la cosecha. . . . Le diré a los segadores, "Recojan primero la cizaña, átenlas en manojos y quémenlas. Luego almacenen el trigo en mi granero." **—Mt 13:30**

Enero 30

MEDITACION. Mientras aún hay tiempo, enmienden sus faltas y soporten pacientemente lo que no pueden enmendar por completo.

Dedíquense a la oración mientras esperan para que el mismo Señor provea—bien corrigiendo ahora o corrigiendo al momento de la cosecha final. *— San Agustín*

ORACION. *Justo Padre, enséñame cómo administrar la corrección según Tu Voluntad. Permíteme obrar con prudencia y en oración para eliminar todo mal que pueda encontrar en los demás.*

Enero 31 ***El que recibe en Mi Nombre a un niño como éste, a Mí Me recibe.*** **—Mt 18:5-6**

MEDITACION. ¿Deseáis hacer algo bueno y santo—en verdad verdaderamente santo y divino?

Entonces trabajen por la salvación de los jóvenes. *— San Juan Bosco*

ORACION. *Padre Celestial, ayúdame a verte en todos los niños como también en todos los hombres. Y concédeme poder trabajar para traer Tu imagen y semejanza en ellos.*

Feb. 1 ***En verdad les digo: Mi Padre les dará todo lo que pidan en Mi Nombre. . . . Pidan y recibirán.*** **—Jn 16:23-24**

MEDITACION. La oración es un gran bien. Porque cuando hablamos con una persona dotada de virtud, recibimos grandes beneficios.

Qué mayores beneficios fluirán sobre una persona que habla con Dios. Porque la oración es hablar con Dios. *— San Juan Crisóstomo*

ORACION. *Padre Celestial, ayúdame a orarte a través de Jesús y en el Espíritu Santo. Concédeme ser fiel a mi conversación diaria contigo.*

Encuentro mi júbilo en mis sufrimientos por ustedes. En mi carne suplo lo que falta a las tribulaciones de Cristo en favor de Su Cuerpo, la Iglesia.

—Col 1:24

Feb. 2

MEDITACION. Cristo me hizo comprender que yo podría salvar almas a través de la Cruz.

Mientras mayores fueron las cruces que encontró, más ardiente fue mi deseo de soportarlas. *—Santa Teresa del Niño Jesús*

ORACION. *Señor, en Tu sabiduría nos has dado la oportunidad de sufrir con Jesús. Ayúdame a ofrecer mis sufrimientos por la salvación de las almas.*

Estén alerta contra los falsos profetas que llegan a ustedes disfrazados con piel de cordero, pero que interiormente son lobos feroces. Por sus frutos los conocerán.

—Mt 7:15-16

Feb. 3

MEDITACION. El Apóstol Pablo nos dice que los frutos de las obras de la carne son: la fornicación, la impureza, la lujuria, la idolatría y la enemistad.

Los frutos que identificarán el buen árbol son: la caridad, el júbilo, la paz, la bondad, la fe, la mansedumbre y la continencia.

—San Agustín

ORACION. *Dios Todopoderoso, permíteme trabajar siempre para dar buenos frutos y apartar siempre los malos frutos de las obras de la carne.*

Feb. 4

¿Fue desilusionado alguna vez aquel que confió en el Señor?
—Eclo 2:10

MEDITACION. Aquellos que confían en Jesús son tan simples como niños. Ellos se aferran a Sus vestidos y acuden a El en todos sus problemas.

Llenos de confianza, exclaman: "Ayúdame, Señor Jesús, a vencer este enemigo y este obstáculo. Sólo Tú puedes ayudarme y estoy seguro de que así lo deseas."

— San Francisco de Sales

ORACION. *Señor Jesús, permíteme poner en Ti todas mis esperanzas. Con Tu Cruz y Tu Resurrección Tú le has dado esperanza al mundo.*

Feb. 5

Me he regocijado en la senda de Tus mandamientos, tanto como en todas las riquezas.
—Sal 119:14

MEDITACION. Es verdaderamente cierto que la Religión Cristiana que se nos da desde el cielo con sus leyes pretende llevarnos a la felicidad eterna.

Sin embargo, es innegable que esta Religión llena nuestra vida actual de incontables beneficios. *— Papa Pío XII*

ORACION. *Oh Dios, Tú eres el Supremo Legislador del mundo. Ayúdame a observar Tus leyes que aseguran mi felicidad terrenal y celestial.*

Tú amas la justicia y aborreces la maldad; por lo tanto Dios, tu Dios, te ha ungido con el óleo de la alegría.

—Sal 45:8

Feb. 6

MEDITACION. La regla de la justicia es clara: una buena persona jamás debe desviarse de la verdad.

Tampoco debe la persona justa infligir una pérdida injusta a nadie, ni actuar en forma engañosa ni fraudulenta. *— San Ambrosio*

ORACION. *Señor de Justicia, concédeme que yo pueda otorgar a cada persona lo que le es debido. Permíteme así compartir en Tu Justicia infinita.*

¿No fueron limpios los diez [leprosos]? ¿Dónde están los otros nueve? ¿No ha vuelto ningún otro, excepto este extranjero, para dar gracias a Dios? **—Lc 17:17-18**

Feb. 7

MEDITACION. La ingratitud hacia Dios es el enemigo del alma.

Despoja el alma de méritos, disipa sus virtudes y le roba sus gracias. *— San Bernardo*

ORACION. *Dios de toda bondad, permíteme que siempre me ocupe en darte las gracias apropiadas. Concédeme que pueda hacerlo por medio de la Eucaristía y a través de mis propias oraciones de cada día.*

Feb. 8

Si tienen fe . . . podrán decir a esta montaña: "Muévete de aquí hasta allá," y se moverá. Nada será imposible para ustedes. **—Mt 17:20**

MEDITACION. Dios no obra en aquellos que se niegan a poner solamente en El su confianza y esperanza.

Pero El imparte la plenitud de Su amor sobre aquellos que poseen una fe y esperanza profundas. Para estos El hace grandes cosas.

— San Jerónimo Emiliani

ORACION. *Dios de poder y fuerza, permíteme poner toda mi confianza en Ti. Fortalece mi fe y haz más profunda mi esperanza para que puedas realizar todas las cosas maravillosas que deseas hacer por mí.*

Feb. 9

Si se mantienen firmes, obtendrán la vida. **—Lc 21:19**

MEDITACION. Practiquen la paciencia con todos y especialmente con ustedes mismos.

No se preocupen por sus imperfecciones, pero levántense valientemente después de una caída. *— San Francisco de Sales*

ORACION. *Dios de Paciencia, permíteme sufrir mis imperfecciones sin rebelarme. Ayúdame a ser paciente conmigo mismo como también con los demás.*

Dichosos los pobres de espíritu, porque de ellos es el Reino de los Cielos. **—Mt 5:3**

Feb. 10

MEDITACION. Alguna personas, por su condición de vida, no pueden estar sin riquezas y condición social.

Estos al menos deben mantener sus corazones libres del amor por tales cosas.

— Santa Angela de Merici

ORACION. *Padre Amante, ayúdame a usar las cosas de este mundo sin estar apegado en demasía a ellas. Enséñame a poner mi corazón en las cosas celestiales.*

Si así Dios viste la hierba que crece hoy en los campos . . . ¡cuánto más hará por vestirlos a ustedes! **—Lc 12:28**

Feb. 11

MEDITACION. La providencia es el cuidado que Dios otorga a todas las cosas que existen. *— San Juan Damasceno*

Confía el pasado a la misericordia de Dios, el presente a Su amor y el futuro a Su providencia. *— San Agustín*

ORACION. *Dios todo proveedor, confío toda mi vida a Tu amante cuidado. Calma todas mis ansiedades y manténme seguro en Ti.*

Feb. 12

Ustedes escudriñan las Escrituras cuidadosamente porque creen que a través de ellas obtendrán la vida eterna. Hasta ellas mismas dan testimonio acerca de Mí. **—Jn 5:39**

MEDITACION. La lectura de las Escrituras es algo maravilloso.

El pensamiento de las Escrituras jamás puede ser exhausto. Es un pozo sin fondo.

— San Juan Crisóstomo

ORACION. *Señor Jesús, Tú eres el Verbo de Dios. Cuando leo las Escrituras permíteme verte en cada página y aprender a ser cada vez más como Tú.*

Feb. 13

Estaba enfermo y Me atendieron. . . . Todo lo que hicieron por alguno de estos últimos de Mis hermanos, lo hicieron hecho por Mí. **—Mt 25:36, 40**

MEDITACION. Ante todo y sobre todo hay que cuidar de los enfermos.

Ellos deben ser servidos en todo como a Cristo Mismo. *— San Benito*

ORACION. *Jesús, Sanador infinito, enséñame a visitar y a cuidar de los enfermos. Ayúdame siempre a verte a Ti en ellos sin calcular el costo.*

Ese día sabrán que Yo estoy en Mi Padre y ustedes en Mí y Yo en ustedes. **—Jn 14:20**

Feb. 14

MEDITACION. Jesucristo debe vivir en nosotros y nosotros debemos vivir solamente en El.

Su vida debe ser nuestra vida y nuestra vida debe ser una continuación y expresión de Su vida. *— San Juan Eudes*

ORACION. *Señor Jesús, hazme comprender que Tú vives en mí y yo en Ti. Permíteme irradiarte en mi vida exterior estando conscientemente unido a Ti en mi vida interior.*

La gracia de Dios . . . nos ayuda a renunciar a la impie-dad y a las pasiones mundanas y a vivir en este mundo con templanza, rectitud y devoción.— **Tit 2:11-12**

Feb. 15

MEDITACION. El espíritu de Jesucristo es un espíritu de rectitud y sinceridad.

Todos aquellos llamados a glorificar este Dios de salvación deben actuar según este espíritu. *— San Vincente de Paúl*

ORACION. *Señor Jesús, concédeme la gracia de actuar según Tu espíritu de rectitud y sinceridad. Permíteme rechazar las cosas que no son de Dios y las pasiones mundanas en todas sus formas.*

Feb. 16

Aquellos que pertenecen a Cristo Jesús han crucificado su carne con sus pasiones y deseos. **—Gá 5:24**

MEDITACION. La definición del vicio es como sigue:

Es el abuso—violando el mandamiento de Dios—de lo que Dios nos ha dado para un buen propósito. — *San Basilio*

ORACION. *Santísimo Dios, ayúdame a controlar mis pasiones y deseos. Permíteme usar siempre Tus dones de la manera que Tú deseaste que se usaran.*

Feb. 17

Aunque los israelitas habían jurado no hacer daño [a los gabaonitas], Saúl había tratado de hacerlos perecer impulsado por su celo. **—2 Sm 21:2**

MEDITACION. El celo sin conocimiento es siempre menos útil y efectivo que un celo regulado.

De cierto, con frecuencia ese celo es altamente peligroso. — *San Bernardo*

ORACION. *Padre Celosísimo, inculca en mí un celo sagrado basado en un verdadero conocimiento. No me permitas actuar jamás impulsado por un celo inmoderado e impetuoso.*

Si aman a quienes los aman, ¿qué mérito tienen? Aún los pecadores aman a quienes los aman a ellos. **—Lc 6:32**

Feb. 18

MEDITACION. El amor que se derrama de la abundancia y la generosidad es más aceptable que aquel que surge de la aridez de la necesidad.

Este último se deriva de la miseria; pero el primero de la misericordia. *— San Agustín*

ORACION. *Dios de amor, ayúdame a imitar Tu amor misericordioso por nosotros. Ayúdame a esforzarme por manifestar un amor sin egoísmo hacia los demás hombres porque ellos son Tus criaturas.*

Yo soy la vid y ustedes las ramas. Todo aquel que vive en Mí, y Yo en él, producirá mucho fruto. **—Jn 15:5**

Feb. 19

MEDITACION. A través de la Eucaristía Jesús gobierna sobre todos Sus fieles.

Su verdad es la luz de sus pensamientos. Su ley divina es la ley invariable e inflexible de sus voluntades. Su amor es la noble pasión de sus corazones. *— San Pedro Eymard*

ORACION. *Señor de la Eucaristía, ven a mi corazón y gobierna toda mi vida. Concédeme que yo pueda vivir en Ti y Tú vivir en mí por siempre jamás.*

Feb. 20

Cuando ayunes tú, ponte aceite en la cabeza y lávate la cara. . . . Tu Padre que ve lo que se hace en secreto te recompensará. **—Mt 6:17-18**

MEDITACION. El ayuno [cuando se practica correctamente] eleva el pensamiento hacia Dios y mortifica la carne.

Hace fácil la virtud y aumenta nuestros méritos. *— San Francisco de Sales*

ORACION. *Padre Celestial, ayúdame a ayunar por la causa correcta. Enséñame a ayunar para refrenar los deseos ilícitos y alcanzar una mayor unión contigo.*

Feb. 21

El Señor disciplina aquellos que El ama, al igual que un padre castiga al hijo que quiere. **—Pr 3:12**

MEDITACION. Cuando los demás te desprecien y Dios te corrige, no desesperes.

Dios nos corrige en esta vida para protegernos del castigo eterno en el más allá.

— San Pedro Damián

ORACION. *Dios infinitamente justo, ayúdame a aceptar Tus correcciones y a hacer que me aprovechen para mi beneficio. No permitas que jamás me desespere por mis flaquezas, mas confíame a Tu bondad y misericordia.*

La limosna libera al donante de la muerte y nos evita descender a las tinieblas.

—Tob 4:10

Feb. 22

MEDITACION. Si deseamos atender verdaderamente nuestros intereses espirituales y temporales, nos comportamos de esta forma.

Debemos siempre cumplir con los intereses de Dios y a través de limosnas procurar el alivio temporal de nuestro prójimo.

— *San Juan Bosco*

ORACION. *Padre Caritativo, ayúdame a compartir con los demás los bienes que poseo. Déjame dar libremente y por amor a Ti lo que libremente he recibido de Ti.*

Hay un tiempo y un juicio para cada cosa. **—Ec 8:6**

Feb. 23

MEDITACION. Ayúdense unos a otros con la generosidad del Señor y no desprecien a nadie.

Cuando tengan la oportunidad de hacer el bien, no la dejen pasar por alto. — *San Policarpo*

ORACION. *Dios de bondad, no permitas que nunca deje pasar una oportunidad de hacer el bien sin aprovecharla. Permíteme aprovechar todo momento a mi disposición para hacer el bien.*

Feb. 24

Dios envió a Su Hijo nacido de una mujer, nacido bajo la Ley, para redimir a los que estaban debajo de la Ley.

—Gá 4:4-5

MEDITACION. Dios ha decretado que toda la obra de Redención se realice a través de María, con María y en María.

Al igual que nada fue creado sin Cristo, igualmente nada ha sido recreado sin la Virgen. *— San Juan de la Cruz*

ORACION. *Padre Celestial, ayúdame a no cesar jamás de acudir a la Santísima Virgen María. Ayúdame a recordar que ella es Tu Hija amada, Esposa del Espíritu Santo y Madre de Tu Hijo.*

Feb. 25

En la verdad y el amor tendremos la gracia, la misericordia y la paz de Dios Padre y de Jesucristo, el Hijo del Padre.

—2 Jn 3

MEDITACION. Nuestros pensamientos se deben concentrar en la búsqueda de la verdad y nuestros afectos en el fervor del amor.

De esta forma, estaremos practicando siempre el amor divino. *— San Bernardo*

ORACION. *Padre Amante, permíteme estar siempre abierto a Tu verdad y Tu amor. Concédeme dar mis pasos cada día en ese amor y esa verdad.*

Un amigo fiel es el elixir de la vida . . . porque aquel que teme al Señor actúa de acuerdo con ello y su amigo será como él mismo. **—Eclo 6:16-17**

Feb. 26

MEDITACION. Es un efecto de la Providencia Divina que los seres humanos no puedan vivir los unos sin los otros.

Esta necesidad de la ayuda mutua los une más estrechamente por los lazos de la amistad. *— San Juan Crisóstomo*

ORACION. *Dios de bondad, ayúdame a recordar que mi mejor Amigo es Jesús. Permíteme que mi relación con El sea la base de mis relaciones con todas mis amistades y manténnos fieles los unos con los otros.*

Ustedes se han acercado . . . a la Jerusalén celestial . . . a Jesús, el Mediador de la Nueva Alianza. **—He 12:22-24**

Feb. 27

MEDITACION. Elevémonos más allá de las cosas temporales. Allá, en lo alto, el aire es más puro.

Jesús puede ocultarse a Sí Mismo, pero allí lo encontraremos. *— Santa Teresa del Niño Jesús*

ORACION. *Padre Celestial, en medio de los vertiginosos eventos y circunstancias de la vida cotidiana, permíteme mantener mi mirada fija en Jesús. Ayúdame a descansar siempre en El, porque El es mi Redentor.*

Feb. 28 ***Todo aquel que quiera seguirme . . . debe tomar su cruz cotidiana y seguir Mis pasos.*** **—Lc 9:23**

MEDITACION. Dejen que el principal deseo de su corazón sea despertar en ustedes mismos un ardiente y amoroso deseo de imitar a Jesús en todas sus obras.

Esfuércesen por hacerlo todo como el mismo Señor lo haría. — *San Juan de la Cruz*

ORACION. *Señor Jesús, ayúdame a moldear mi vida de acuerdo contigo. Concédeme que pueda imitarte en todo—en todos mis pensamientos, palabras y obras.*

Marzo 1 ***El que no está conmigo está contra Mí, y el que conmigo no recoge, derrama.*** **—Lc 11:23**

MEDITACION. El diablo desea mantener las almas prisioneras, pero el Señor desea liberarlas. El diablo nos incita al mal, pero el Señor nos invita a practicar el bien.

¡Qué de acuerdo está entre esas obras que son tan contrarias! — *San Gerónimo*

ORACION. *Mi Señor y mi Salvador, no permitas que nunca abandone la libertad del pecado que Tú ganaste para mí. Ayúdame a abrazarte y a despreciar todo contacto con el mal.*

Mis labios pronunciarán lo que es justo; porque mi boca dirá la verdad. **—Pr 8:6-7**

Marzo 2

MEDITACION. Nuestro amor por la verdad debe ser muy grande.

De hecho, tan grande que todas nuestras palabras deben tener el valor de verdaderos juramentos. *— San Paulino*

ORACION. *Padre de toda verdad, enséñame a venerar la verdad en mi vida. Permíteme evitar la falsedad en toda forma.*

Dejen que su estilo de vida sea digno del Evangelio de Cristo . . . luchando unánimes por la fe del Evangelio. **—Fil 1:27**

Marzo 3

MEDITACION. Mientras más se lee el Evangelio, más viva se hace la fe.

El Evangelio es el libro que sirve a todos y para todos. *— San Pío X*

ORACION. *Señor Jesús, concédeme Tu gracia para creer en el Evangelio y leer ese Evangelio continuamente. Luego permite que lo ponga en práctica en mi vida.*

Marzo 4 ***Considero que los sufrimientos del presente no son dignos de comparación con la gloria que será revelada en nosotros.*** **—Ro 8:18**

MEDITACION. El deseo de recibir los tesoros y los favores de Dios es universal.

¡Pero cuán pocos son los que aspiran a cansarse y a sufrir por el Hijo de Dios!

— *San Juan de la Cruz*

ORACION. *Padre Amante, ayúdame a consagrarme enteramente en el amor por Ti y por Tu Hijo. Capacítame para soportar pacientemente los sufrimientos imitándolo a El y en anticipación de la gloria venidera.*

Marzo 5 ***El Señor está lejos de los malvados, pero escucha la oración de los justos.*** **—Pr 15:29**

MEDITACION. Preparémonos incesantemente nosotros mismos con la oración cumpliendo fielmente nuestros deberes.

Vengamos entonces delante de nuestro Divino Salvador con toda la sencillez de nuestras almas. — *Santa María Eufrasia*

ORACION. *Dios Todopoderoso, muéveme a prepararme con la oración para una buena vida. Concédeme que yo pueda orarte con mis obras como también con mis palabras.*

Yo soy la puerta del redil. . . . Todo aquel que entre [en el redil] a través de Mí será salvo. **—Jn 10:7, 9**

Marzo 6

MEDITACION. Debemos refugiarnos en el adorable Corazón de nuestro Buen Pastor.

Vayamos a El como pequeñas ovejas que buscan la seguridad del redil contra el mundo infernal. *—Santa Margarita María Alacoque*

ORACION. *Señor Jesús, llámame a Tu redil y cuídame. Manténme a salvo en medio de los problemas de la vida y seguro contra el demonio.*

Mi corazón se regocijará en Tu salvación; yo cantaré del Señor, "El ha sido bueno conmigo." **—Sal 13:6**

Marzo 7

MEDITACION. La sangre del humilde e inmaculado Cordero quita cualquier duda que podamos tener acerca de que Dios desee solamente nuestro bien.

¿Y cómo puede el Dios Supremo hacer otra cosa que el bien? *—Santa Catalina de Siena*

ORACION. *Padre de toda bondad, concédeme que yo pueda apreciar Tu gran bondad conmigo tanto en el ámbito natural como en el sobrenatural. Ayúdame a aprender alabarte sin cesar.*

Marzo 8 ***Si somos infieles, Cristo seguirá siendo fiel, puesto que El no puede negarse a Sí Mismo.*** —2 Ti 2:13

MEDITACION. Bien que le guste o no, usted perderá contacto con algunos seres humanos.

Sin embargo, Cristo es fiel siempre para con usted. Puesto que Cristo lo provee todo.

— San Juan de la Cruz

ORACION. *Señor Jesús, ayúdame a permanecer fiel a Ti mas bien que confiar en otros. Sin embargo, si alguna vez yo fuera infiel, por favor sigue siendo fiel a Tus promesas y concédeme la gracia de hacer penitencia.*

Marzo 9 ***Enséñame a hacer Tu Voluntad, porque Tú eres mi Dios.*** —Sal 143:10

MEDITACION. Sirvamos a Dios, pero hagámoslo según Su Voluntad.

Entonces El ocupará el lugar de todo en nuestras vidas. El será nuestra fortaleza y la recompensa de nuestras labores.

— San Vicente de Paúl

ORACION. *Señor Infinito, ayúdame a servirte siempre según Tu santa Voluntad. Enséñame cómo hacerte mi Señor y mi Todo.*

Somos . . . herederos de Dios y coherederos de Cristo, si es que en realidad sufrimos con El a fin de tener parte también con El en Su gloria. **—Ro 8:17**

Marzo 10

MEDITACION. Si sufrimos con Cristo, seremos glorificados con El.

El cumplimiento de la felicidad prometida es cierto para aquellos que comparten en la Pasión del Señor. *— San León Magno*

ORACION. *Concédeme Tu gracia, oh Señor, para vencer mi temor natural al sufrimiento. Fortaléceme para soportar mis sufrimientos en unión a Tu sagrada Pasión para la salvación del mundo.*

¿Por qué criticar la paja en el ojo de tu hermano cuando no te das cuenta de la viga en tu propio ojo? **—Mt 7:3**

Marzo 11

MEDITACION. No sospeches nunca a tus hermanos o hermanas de haber hecho el mal.

Porque la sospecha envenena la pureza de nuestro corazón. *— Santo Tomás de Aquino*

ORACION. *Dios de bondad, ayúdame a evitar tener sospechas de los demás. Enséñame a aceptar todas las personas tal como son— Tus hijos, posibles miembros de Cristo y templos del Espíritu Santo.*

Marzo 12

Por El he renunciado a todo . . . para así ganar a Cristo y ser hallado en El. **—Fil 3:8-9**

MEDITACION. Un acto de renunciación es un acto de unión con Dios.

El Divino Maestro contempla con amor a la persona que obtiene una victoria sobre sí misma. *— Santa Magdalena Sofía Barat*

ORACION. *Divino Maestro, enséñame a renunciar a todo para que pueda unirme estrechamente a Ti. Déjame estar dispuesto a perderlo todo antes de renunciar a mi unión contigo.*

Marzo 13

Dios tiene poder para acrecentar la gracia en ustedes, de manera que puedan tener siempre de todo y abundar en todas las buenas obras. **—2 Co 9:8**

MEDITACION. Dios recompensa todas nuestras buenas obras en Su propia forma.

De esta manera invariablemente nos proporciona la oportunidad de ejecutar aún mejores obras. *— Santa Teresa de Avila*

ORACION. *Señor Omnipotente, ayúdame a no malgastar jamás Tu gracia. Permíteme ejecutar incesantemente las buenas obras que Tú me preparas y ayúdame a ejecutarlas.*

¡Ahora es el tiempo del favor de Dios! ¡Ahora es el día de nuestra salvación!

—2 Co 6:2

Marzo 14

MEDITACION. Ya usted no tiene el tiempo que ha pasado. Ni está seguro del tiempo que vendrá.

Por tanto, todo lo que tiene es este tiempo presente y nada más.

— Santa Catalina de Siena

ORACION. *Señor Infinito, enséñame a estar agradecido por cada momento de mi vida que Tú me concedes. Concédeme que siempre pueda usar lo mejor de mi tiempo.*

Toda Escritura es inspirada por Dios y útil para la enseñanza—para reprobar, para corregir y adiestrar en la santidad. **—2 Ti 3:16**

Marzo 15

MEDITACION. Todos los Cristianos deben referirse siempre y en todo lugar a la Escritura para todas sus elecciones, convirtiéndose como en niños delante de ella.

Deben buscar en ella el remedio más efectivo contra sus flaquezas y no atreverse a dar un solo paso sin estar iluminados por los divinos rayos de esas palabras.

— San Juan Pablo II

ORACION. *Dios de sabiduría, muéveme para que acuda constantemente a Tu Palabra en la Escritura. Permíteme encontrar la luz, fuerza y consuelo en este Libro sagrado que fue inspirado por Ti.*

Marzo 16

Sus ojos están sobre los caminos del hombre, y El contempla todos sus pasos.

—Job 34:21

MEDITACION. Tus ojos, oh Dios, tienen una visión verdadera de los hombres.

Esto es lo que en realidad son—y nada más. *— San Francisco de Sales*

ORACION. *Dios Omnisciente, permíteme comprender que mi yo verdadero es sólo lo que soy a Tus ojos. Dame un cuadro real de mi mismo e inspírame para hacerme mejor cada día.*

Marzo 17

Todo lo que dejen de hacer por el último de estos hermanos Míos, lo dejarán de hacer por Mí. **—Mt 25:45**

MEDITACION. Ojalá que Cristo me proteja hoy. . . . Cristo conmigo, Cristo delante de mí, Cristo detrás de mí. . . .

Cristo en los labios de todos los que me hablan, Cristo en cada ojo que me ve, Cristo en cada oído que me escucha. *— San Patricio*

ORACION. *Señor Jesús, sé conmigo este día y déjame verte en todos los que encuentro. Concede que siempre pueda servirte en los demás y así poder llegar a Tu Reino Celestial donde podré servirte personalmente por toda la eternidad.*

Tú eres un Dios clemente y misericordioso, lento en la ira, abundante en la compasión y aborreces el castigo. —Jon 4:2

Marzo
18

MEDITACION. El Señor es amante con los seres humanos; es rápido en perdonar pero lento en castigar.

Por lo tanto, nadie debe desesperar de su propia salvación. — *San Cirilo de Jerusalén*

ORACION. *Dios Misericordioso, ven rápidamente en mi ayuda en momentos de desesperación. Permíteme confiar en los infinitos méritos de Tu Hijo, Quien murió por mí.*

Su esposo José era un hombre justo. —Mt 1:19

Marzo
19

MEDITACION. San José fue el hombre justo por su fidelidad constante, un efecto de la justicia; por su discreción perfecta, hermana de la prudencia; por su conducta intachable, señal de fortaleza; y por su castidad inviolable, flor de la temperancia.

— *San Alberto Magno*

ORACION. *Señor de Justicia, permíteme ser una persona justa y recta siguiendo el ejemplo de San José. Permíteme ser justo hacia Ti, conmigo mismo y con todos los demás hombres.*

Marzo 20 ***En el principio . . . creó Dios el cielo y la tierra.*** **—Gn 1:1**

MEDITACION. Los enigmas que encierra el universo físico postulan e indican la existencia de un Espíritu infinitamente superior.

Este Espíritu Divino crea, conserva, gobierna, y por lo tanto conoce y escudriña con una intuición suprema—hoy al igual que en el alba del primer día de la creación—todo lo que existe. —*Papa Pío XII*

ORACION. *Dios Todopoderoso, Tú creaste todo el mundo para demostrar Tu poder e inmenso amor. Permíteme verte en cada parte de la creación y cantar incesantemente Tus alabanzas.*

Marzo 21 ***¿De qué le sirve a un hombre ganar el mundo entero si pierde su alma?*** **—Mc 8:36**

MEDITACION. Las riquezas verdaderas no consisten en la riqueza del mundo.

Estas consisten en las virtudes que hacemos parte de nuestras vidas y que se convertirán en nuestro tesoro eterno. —*San Bernardo*

ORACION. *Santísimo Dios, enséñame el valor de las verdaderas riquezas. Permíteme trabajar no para almacenar las riquezas de este mundo sino para reunir las virtudes Cristianas que me harán verdaderamente rico para toda la eternidad.*

Alégrense de participar en los sufrimientos de Cristo, de modo que también puedan regocijar y estar alegre cuando se revele Su gloria. **—1 Pe 4:13**

Marzo 22

MEDITACION. Esforcémonos para enfrentar el sufrimiento con valor Cristiano.

Entonces se desvanecerán todas las dificultades y el mismo dolor se transformará en júbilo. — *Santa Teresa de Avila*

ORACION. *Dios, Varón de Dolores, en cada sufrimiento mantén mis ojos fijos en Ti. Permíteme mantener siempre en mi pensamiento la gloria venidera y así enfrentar el sufrimiento con verdadero valor Cristiano.*

Quien se prepara para una competencia se abstiene de todo. . . . Yo, por tanto, golpeo mi cuerpo y lo convierto en mi esclavo. **—1 Co 9:25-27**

Marzo 23

MEDITACION. Todos los Cristianos están llamados a mortificar sus inclinaciones naturales.

Si lo hacemos, atraeremos sobre nosotros inspiraciones sobrenaturales.

— *San Francisco de Sales*

ORACION. *Padre Misericordioso, ayúdame a mantener una rienda firme sobre mis inclinaciones malignas. Concédeme que así pueda recibir Tus gracias y vivir según Tu Voluntad.*

Marzo 24 ***Mis ojos están siempre atentos en el Señor, porque El librará mis pies de la red.***

—Sal 25:15

MEDITACION. No olvidemos nunca que la medida de nuestros recuerdos será la medida de nuestra virtud.

De hecho, será la medida de la vida de Dios en nosotros. *— San Pedro Eymard*

ORACION. *Padre Amante, enséñame cómo recordarte verdaderamente. Inspírame para mantener mi corazón y mi pensamiento constantemente en Ti según realizo mis labores cotidianas.*

Marzo 25 ***He aquí la sierva del Señor, hágase en mí según tu palabra.*** **—Lc 1:38**

MEDITACION. Debemos tener un simple "Sí" para todo lo que Dios desea y un simple "No" para todo aquello que no sea Su Voluntad.

El estado de las cosas comprende una comunión perpetua. *— San Vicente de Paúl*

ORACION. *Señor Jesús, Tú Te hiciste hombre cuando María dio su consentimiento al anuncio del ángel. Ayúdame a dar mi consentimiento perpetuo a todo lo que Tú deseas para mí y un rechazo perpetuo para todo aquello que Tú no deseas para mí.*

Todos los que pasen por el camino, vean y miren si hay algún otro dolor como el mío.
—Lm 1:12

Marzo 26

MEDITACION. Los seres humanos nunca comprenden suficientemente la angustia y la inmensidad del dolor de María.

Son pocos los Cristianos que comparten esos sufrimientos y menos aún los que le ofrecen algún consuelo. — *Santa Brígida*

ORACION. *Señor Jesús, permíteme morar constantemente en la parte de María en la Redención, que le causó tantos sufrimientos. Enséñame a imitarla en este respecto y sentir compasión por ella en sus sufrimientos.*

Busca el consejo de toda persona sabia y no ignores ningún consejo útil. **—Tb 4:18**

Marzo 27

MEDITACION. Cuando nos precipitamos y decidimos seguir solamente nuestras propias luces, nuestra razón nos engaña y aún las más sabias de las personas se equivocan.

Por tanto, debemos buscar la dirección espiritual de otros. — *San Bernardo*

ORACION. *Señor de sabiduría, permíteme que no confíe nunca en mi propio engreimiento. Concédeme que pueda buscar la dirección espiritual de Tus sacerdotes y de otros que Tú nos has dado con ese propósito.*

Marzo 28 ***Lejos de mí gloriarme de cualquier cosa excepto de la Cruz de nuestro Señor Jesucristo.*** **—Gá 6:14**

MEDITACION. Las almas devotas se abrazan de todo corazón a la Cruz con Cristo.

Así ellas adquieren los más abundantes frutos de la Redención para sí mismas y para otros. — *Papa Pío XI*

ORACION. *Señor Jesús, Tú padeciste la crucifixión por la salvación del mundo. Concédeme que yo pueda amar y compartir Tu Cruz en la tierra de manera que pueda unirme a Ti en la gloria del cielo.*

Marzo 29 ***Dejad que aquel que se enorgullece, se enorgullezca en el Señor.*** **—1 Co 1:31**

MEDITACION. No tengamos un orgullo inapropiado en nuestros propios éxitos.

Si mi molino produce una buena harina debo dar gloria al Señor. Es Su mano la que derrama el agua que hace que la piedra de vueltas y que haga funcionar el molino.

— *San Francisco Javier*

ORACION. *Señor del universo, haz que siempre comprenda que Tus inspiraciones cubren el mundo y causan los éxitos del hombre. Permíteme darte gracias por cualquier logro que yo pueda obtener.*

No me alejes en el momento de mi vejez; cuando mis fuerzas me abandonen, no Te olvides de mí. **—Sal 71:9**

Marzo 30

MEDITACION. Cuando las personas envejecen todo los abandona gradualmente, pero Dios acude a ellos.

La eternidad también llega—con su duración sin fin y su día sin noche.

— San Francisco de Sales

ORACION. *Señor Eterno, no permitas que tema la vejez con sus muchos quebrantos. Permíteme abrazarla como mi último estado antes de mi entrada a una nueva y eterna vida.*

¡Pon tu confianza en Dios! Porque volveré a alabarlo, mi socorro y mi Dios. **—Sal 42:6**

Marzo 31

MEDITACION. Ve a la Santa Mesa con tu pobreza y todos tus problemas—pero también con esperanza y amor.

Estas son las mejores disposiciones que puedes traer a la Eucaristía.

— San Pedro Eymard

ORACION. *Padre Celestial, en cada Eucaristía permíteme ofrecerme a Ti con todas mis alegrías y sufrimientos y en unión con Jesús. Concédeme que con cada Eucaristía en la que participo pueda conocer, amar y vivir la Misa cada vez más.*

Abril 1

Todo aquel que ama su vida la perderá, pero el hombre que aborrece su vida en este mundo la guardará para la vida eterna. **—Jn 12:25**

MEDITACION. Todavía hay Cristianos que están engreídos con un amor propio excesivo.

Esas personas no deben pensar que han logrado la renuncia de sí mismos o que están realmente siguiendo a Cristo.

—San Juan de la Cruz

ORACION. *Padre Celestial, arráncame todo exceso de egoísmo. Permíteme tener una actitud verdaderamente Cristiana conmigo mismo, de manera que pueda ser realmente un seguidor de Tu Hijo.*

Abril 2

Mi alma está apegada a Ti y Tu diestra me sostiene. **—Sal 63:9**

MEDITACION. El amor a Dios nos inflama con el deseo de contemplar Su belleza.

Esta contemplación es a su vez la causa de un mayor amor hacia Dios por parte nuestra. *—Santo Tomás de Aquino*

ORACION. *Dios de bondad, enséñame a amarte con todo mi corazón, con toda mi mente y con toda mi alma. Concédeme que pueda desear ardientemente contemplarte y crecer en Tu amor.*

Todo aquello que hagan, bien sea de palabra o en obras, háganlo en el Nombre de nuestro Señor Jesús. **—Col 3:17**

Abril 3

MEDITACION. Algunas personas dicen: "Quisiera no estar ocupado con las cosas temporales."

Pero lo cierto es que esas cosas son temporales solamente cuando nosotros mismos las hacemos temporales. — *Santa Catalina de Siena*

ORACION. *Señor del universo, enséñame a convertir todas las cosas en instrumentos de Tu gracia. Permíteme hacerlo todo por Cristo y así cambiar las cosas temporales en cosas religiosas.*

Los justos sean tus comensales, y deja que tu gloria sea en el temor del Señor. **—Eclo 9:16**

Abril 4

MEDITACION. Busca asociarte con personas que son buenas.

Porque si tú eres el compañero de sus vidas, también serás el compañero de sus virtudes. — *San Isidro*

ORACION. *Dios de bondad, ayúdame a estar continuamente en compañía de Cristianos verdaderos. Permíteme edificarme por sus virtudes y sus obras, y deja que nuestra asociación nos lleve a la gloria celestial.*

Abril 5

Ama al Señor tu Dios con todo tu corazón. . . . Ama a tu prójimo como a ti mismo.

—Mc 12:30-31

MEDITACION. Si desea ayudar verdaderamente el alma de su prójimo, acérquese primero a Dios con todo su corazón.

Pídale sencillamente que lo llene de amor, la mayor de todas las virtudes; con él usted puede lograr lo que desea. *—San Vicente Ferrer*

ORACION. *Padre Celestial, concédeme la gracia de amarte sobre todas las cosas y de hacer todos mis actos por amor a Ti. Ayúdame a amar a los demás y trabajar por su salvación.*

Abril 6

Fuimos enterrados con Cristo mediante el Bautismo en Su Muerte, para que al igual que Cristo resucitó de entre los muertos . . . también nosotros llevemos una nueva vida.

—Ro 6:4

MEDITACION. Cristo es nuestra vida. Busquemos por tanto a Cristo.

El vino para sufrir y así obtener la gloria; buscando el desprecio para ser exaltado. El vino para morir, pero también para volverse a levantar. *—San Agustín*

ORACION. *Padre Celestial, a través de mi Bautismo fui sepultado con Cristo y me levanté a una nueva vida de gracia. Permíteme conservar esa vida de tal modo que la disfrutaré plenamente en el cielo con Cristo.*

Cuando Jesús hubo ofrecido un solo sacrificio por los pecados para siempre, se sentó a la diestra de Dios. **—He 10:12**

Abril 7

MEDITACION. Cuando vaya a Misa, esté allí como si estuviera en el Calvario.

Porque es el mismo sacrificio y el mismo Jesucristo Quien está haciendo por usted lo que El hizo en la Cruz por todos los hombres. *— San Juan Bautista de la Salle*

ORACION. *Jesús, mi Redentor, déjame darte gracias en cada Misa por el sacrificio supremo que Tú ofreciste para liberarme del pecado. Ayúdame a sentir pena por mis pecados y decidir seguirte de más cerca.*

En virtud de la Voluntad de Dios hemos sido santificados por el ofrecimiento del cuerpo de Jesucristo de una vez por todas. **—He 10:10**

Abril 8

MEDITACION. El infinito poder de Dios, Su profunda sabiduría y el reino de Su justicia eran conocidos.

Sin embargo, las dimensiones de Su clemencia no eran aún conocidas. Jesús vino como intérprete de la Divinidad.

— San Bernardo

ORACION. *Padre Misericordioso, no permitas que desprecie Tu clemencia, que Tú nos enviaste en Jesucristo. Concede que el amante sacrificio de Cristo pueda dar frutos en mí según Tu santa Voluntad.*

Abril 9

Jesús tocó sus ojos, y les dijo: "Se hará con ustedes conforme a su fe." Y recobraron la vista. —Mt 9:29-30

MEDITACION. Los ciegos exclamaron a Cristo y sobrepasaron los gritos de la multitud.

Así es la naturaleza de la fe que mientras mayores son los obstáculos que encuentra, más ardiente se hace. — *San Carlos Borromeo*

ORACION. *Padre Celestial, concédeme una fe viva en las Buenas Nuevas de Jesús. Permite que venza todos los obstáculos y se profundice cada día de mi vida.*

Abril 10

Dijo Dios: "Haya luz", y hubo luz. Y Dios vio que la luz era buena. —Gn 1:3-4

MEDITACION. Bendito seas, oh Señor, con todas Tus criaturas, especialmente el Sol, mi señor y hermano, que hace el día y por quien Tú nos das la luz.

El es hermoso, radiante con gran esplendor; y es el símbolo Tuyo, el Altísimo.

— *San Francisco de Asís*

ORACION. *Oh Dios de infinita brillantez, permíteme darte gracias por Tu magnífico don de la luz y de toda la creación. Ayúdame siempre a usarla sabiamente y bien.*

Yo conozco Mis ovejas y Mis ovejas Me conocen a Mí. . . . Y doy Mi vida por Mis ovejas.

—Jn 10: 14-15

Abril 11

MEDITACION. Jesús, el Buen Pastor, es al mismo tiempo luz y amor.

Es decir, El es la verdad en la caridad.

— *Papa Pío XII*

ORACION. *Señor Jesús, permíteme estar junto a Ti en la verdad y el amor. Concédeme que siempre pueda seguirte como mi Pastor en medio de los peligros y pruebas de esta vida.*

Un amigo fiel es un refugio protector; el que lo encuentra posee un gran tesoro.

—Eclo 6:14

Abril 12

MEDITACION. Nada en la tierra puede terminar una amistad verdadera.

El mismo tiempo no puede destruir tal amistad, pero en su lugar siempre la encuentra indomable por doquier. — *San Bernardo*

ORACION. *Dios de bondad, envíame un buen amigo—uno que Te tiene también como amigo. Y, por mi parte, déjame ser también un buen amigo—de modo que nuestra amistad sea indomable.*

Abril 13 ***Jesús dijo: "Esta especie [de maldad] no puede ser expulsada, sino por la oración."***
—Mc 9:29

MEDITACION. Esta conclusión es obvia para todos los Cristianos.

Una vida virtuosa es simplemente imposible sin la ayuda de la oración.

— San Juan Crisóstomo

ORACION. *Dios Todopoderoso, permíteme convencerme de la necesidad de orar en mi vida. Ayúdame a acudir frecuentemente a Ti en la oración y llevar una vida virtuosa.*

Abril 14 ***Sabemos que para aquellos que aman a Dios, todas las cosas obran para el bien.***
—Ro 8:28

MEDITACION. No permitan sentirse agobiados por la tristeza de los infortunados accidentes de este mundo.

Ustedes no saben los beneficios que éstos puedan traerles y por qué secreto juicio de Dios están dispuestos para el júbilo eterno de los Elegidos. *— San Juan de la Cruz*

ORACION. *Padre de sabiduría, ayúdame a aceptar todos los infortunios terrenales con el conocimiento cierto que algún bien provendrá de ellos. No permitas que me desespere jamás, sino que confíe en Tu Providencia que lo gobierna todo.*

¿De qué le vale al hombre ganar el mundo entero si pierde su alma? —Mc 8:36

Abril 15

MEDITACION. Hay muchos que obtienen victorias sobre ciudades y castillos, mas no pueden vencerse a sí mismos y a sus enemigos—el mundo, la carne y el mal.

Por tanto, podemos decir que no poseen ninguna ventaja verdadera.

— Santa Catalina de Siena

ORACION. *Señor de los Ejércitos, capacítame para luchar continuamente en contra de todo lo que es el mal. Permíteme confiar en Tu gracia para obtener la victoria y cosechar riquezas espirituales para el cielo.*

Yo no vine para juzgar el mundo, sino para salvar el mundo. —Jn 12:47

Abril 16

MEDITACION. Existe una sola cura para los males de la sociedad.

Ello consiste en regresar a la vida Cristiana y apoyarse en las instituciones Cristianas.

— Papa León XIII

ORACION. *Señor Jesús, enséñame a traer Tu mensaje de salvación y amor al mundo. En mi forma pequeña, permíteme cambiar el mundo dando un ejemplo Cristiano a todos los que conozco.*

Abril 17 ***El Señor es bondadoso con aquellos que esperan en El, con el alma que Lo busca.***
—Lm 3:25

MEDITACION. ¡Qué delicias encontraremos renunciando a nosotros mismos y buscando a Dios!

Los Santos renunciaron a sí mismos para poder buscar a Dios y solamente a El. Es por ello que obtenemos el cielo.

— *San Juan María Vianney*

ORACION. *Señor Infinito, Tú eres más grande que todo lo que podamos imaginar. Ayúdame a olvidarme de mí mismo y buscarte a Ti solamente en todos mis pensamientos, palabras y obras.*

Abril 18 ***Sobre todas estas cosas pongan el amor, que es el lazo de la perfección.*** **—Col 3:14**

MEDITACION. El amor es el lazo de la vida, la madre de los pobres y el maestro de los ricos.

Es la nodriza de los huérfanos, el ayudante de los ancianos, el tesoro del indigente y el puerto común de todos los afligidos.

— *San Gregorio de Nisa*

ORACION. *Padre Amante, derrama Tu divino amor en mi corazón y alma. Déjame cooperar con ese amor y de esta forma esforzarme por alcanzar la perfección en todas las virtudes.*

No sean como niños en el pensamiento: sean niños en cuanto concierne la maldad, pero maduros en su modo de pensar. **—1 Co 14:20**

Abril 19

MEDITACION. No hay artistas más divinos que aquellos que saben cómo moldear el alma de un niño en sí mismos.

Esos artistas saben cómo descubrir el mayor resplandor divino en sus almas.

— San Juan Crisóstomo

ORACION. *Padre Celestial, permíteme adquirir las cualidades de un niño—sencillez, amor, confianza e inocencia. Permíteme evitar toda duplicidad, intriga, desesperación y cinismo.*

Desde los días de Juan el Bautista hasta ahora el Reino de los Cielos ha sufrido violencia, y los que se esfuerzan logran aferrarse a él. **—Mt 11:12**

Abril 20

MEDITACION. Ciertamente el Reino de los Cielos tiene un gran valor. Mas, sin embargo, se puede obtener dando todo lo que uno es.

Entréguese a sí mismo y será suficiente—pues el Señor de misericordia se satisface con eso.

— San Agustín

ORACION. *Dios Todopoderoso, ayúdame a contener mi egoísmo desmesurado y tozudo. Permíteme entregarme a Ti por entero y así alcanzar el Reino de los Cielos.*

Abril 21

Jesús subió a la montaña para orar y pasó toda la noche en oración a Dios.

—Lc 6:12

MEDITACION. Retírese a lo más recóndito de su mente. Déjelo todo fuera excepto a Dios y todo cuanto pueda ayudarle a buscarlo.

Después, pasando el cerrojo de la puerta, busque a Dios. — *San Anselmo de Canterbury*

ORACION. *Imponente Dios, enséñame a saber cómo buscarte en silencio. Permite que, de vez en cuando, pueda alejarme de los problemas de la vida y descansar tranquilamente en Tu presencia.*

Abril 22

Dispones una mesa delante de mí. . . . Mi copa está rebosante. . . . Solo bondad y benevolencia me seguirán todos los días de mi vida. **—Sal 23:5**

MEDITACION. La Misa es el sol de los ejercicios espirituales y el centro de la religión.

Es el corazón de la devoción y el misterio en el cual bondadosamente Dios nos comunica sus favores. — *San Francisco de Sales*

ORACION. *Dios de bondad, enséñame a apreciar el inefable don que es la Misa. Ayúdame a hacer que la Eucaristía sea la cima hacia la cual se dirige toda mi actividad y la fuente de la que fluyen todas mis fuerzas.*

Los ojos del Señor están sobre los justos y Sus oídos estan abiertos a sus oraciones.

—1 Pe 3:12

Abril 23

MEDITACION. Una vida justa es como un cántico a los oídos del Padre Celestial.

Le es tan agradable como la más hermosa de las oraciones. *— San Cipriano*

ORACION. *Padre Celestial, concédeme la gracia de vivir justamente en todos mis actos. Permíteme que mi vida siempre Te sea placentera en la tierra y obtenga la vida eterna en el cielo.*

Las palabras dichas en el momento oportuno son como manzanas de oro en bandejas de plata. **—Pr 25:11**

Abril 24

MEDITACION. Los buenos libros son verdaderos amigos que siempre están con nosotros y nunca nos molestan. Ellos nos hablan, mas no nos cansan.

Ellos están en silencio cuando así lo deseamos y anuncian grandes verdades sin disimular. Finalmente, nos indican nuestras faltas y flaquezas, pero no nos disgustan.

— San Juan Crisóstomo

ORACION. *Dios de sabiduría, inspírame a leer buenos libros, aquellos que me hablan de Ti y de la fe. Ayúdame a tenerlos como buenos amigos que me acercarán más a Ti cada día.*

Abril 25 ***Si subo a los cielos Tú estás allí; si bajo a los abísmos de la muerte, allí estás presente.***
—Sal 139:8

MEDITACION. Existe una práctica que tiene gran poder para mantenernos unidos a Dios.

Esa práctica es recordar constantemente Su presencia. *— San Alfonso de Ligorio*

ORACION. *Omnipresente Dios, concédeme que siempre me recuerde de Tu presencia en todo lo que me rodea. Ayúdame a conservar una amante unión contigo en medio de las actividades de mi vida diaria.*

Abril 26 ***Anímense y edifíquense unos a otros, tal como ya lo están haciendo.*** **—1 Ts 5:11**

MEDITACION. Si en cualquier día dado no hacemos otra cosa que dar una pequeña alegría a nuestro prójimo, ese día no se habrá malgastado.

Pues habremos triunfado en traer alivio a un alma inmortal. *— Beato Contardo Ferrini*

ORACION. *Dios de todo consuelo, enséñame a poner toda mi confianza en Ti. Permíteme entonces salir y ofrecer a mi prójimo un consuelo Cristiano en toda tribulación.*

A través de Jesús ofrezcamos continuamente a Dios un sacrificio de alabanza, es decir, el fruto de los labios que confiesan Su Nombre. —He 13:15

Abril 27

MEDITACION. Ha llegado la hora para cantos de júbilo: ¡Aleluya!

Alabemos a Dios con nuestra vida, con nuestra voz, con nuestro corazón y con nuestros actos. — *San Agustín*

ORACION. *Padre Celestial, ayúdame a darte una constante alabanza en mi corazón. Al mismo tiempo, permite que esta actitud de frutos en mi vida—produciendo verdaderos actos Cristianos.*

Todo este tiempo he estado entre ustedes, Felipe ¿y todavía no me conoces? —Jn 14:8

Abril 28

MEDITACION. Jesucristo es muy poco conocido por aquellos que dicen ser Sus amigos.

Podemos verlos buscando en El no Sus dolores, sino el consuelo propio.

— *San Juan de la Cruz*

ORACION. *Señor Jesús, permíteme conocerme a mí mismo y conocerte a Ti. Concédeme la gracia de seguirte en Tus dolores—aceptando todos los sufrimientos de mi vida por amor a Tu Nombre.*

Abril 29

Yo soy el camino, la verdad y la vida. Nadie viene al Padre sino es por Mí. **—Jn 14:6**

MEDITACION. Son muchos los que quieren ir delante de Cristo, no después de El—preparando una senda según sus propios diseños. Ellos buscan servir a Dios y alcanzar la virtud sin esfuerzos.

Pero se engañan a sí mismos, porque Cristo es "el camino". *—Santa Catalina de Siena*

ORACION. *Señor Jesús, protégeme del deseo de buscar la vía fácil. Concédeme que pueda seguir fiel y diligentemente la senda que Tú nos has marcado para llegar al Padre.*

Abril 30

Dichosos aquellos que no han visto y sin embargo han creído. **—Jn 20:29**

MEDITACION. Este texto del Evangelio ciertamente se nos aplica—pero sólo si confirmamos nuestra fe con nuestras obras.

Aquellos que creen verdaderamente son los que ponen en práctica lo que creen.

—San Gregorio Magno

ORACION. *Jesús, mi Señor y mi Dios, ayúdame a creer en Ti con todas mis fuerzas. Y déjame llevar esa creencia a la práctica obedeciendo Tus mandamientos cada día.*

Separarás tres ciudades . . . [donde un hombre] se pueda refugiar y salvar su vida si mató a un prójimo sin querer.

—Dt 19:2-4

Mayo 1

MEDITACION. Busque refugio en María porque ella es ciudad de refugio. Sabemos que Moisés separó tres ciudades de refugio para todos aquellos que hubieran matado a un prójimo sin quererlo.

Ahora el Señor ha establecido un refugio de compasión, María, aún para aquellos que cometen deliberadamente un mal. María proporciona refugio y fuerza para el pecador.

—San Antonio de Padua

ORACION. *Señor Jesús, muéveme a buscar refugio en Tu santa Madre si soy tan desafortunado que pierda Tu gracia. Ayúdame a escapar a mi ciudad de refugio, pues ella me llevará hasta Ti.*

Cristo . . . transformará este humilde cuerpo de nosotros conforme a Su cuerpo glorioso. **—Fil 3:21**

Mayo 2

MEDITACION. Nuestro cuerpo humano ha adquirido algo grande a través de nuestra comunicación con el Verbo.

De ser mortal ha sido hecho inmortal; aunque era un cuerpo vivo se ha convertido en uno espiritual. *—San Atanasio*

ORACION. *Padre Celestial, ayúdame a respetar mi cuerpo y no someterlo al pecado. Permíteme conservarlo listo para recibir la plenitud de la forma nueva dada por Tu Hijo en el cielo.*

Mayo 3

Olvidando lo que queda atrás, sigo adelante hacia lo que me espera. Toda mi atención está . . . en el premio al cual me llamó Dios. —Fil 3:13-14

MEDITACION. Es justo comenzar de nuevo cada día.

No existe mejor forma de completar la vida espiritual que estar dispuesto a comenzarla una vez más. — *San Francisco de Sales*

ORACION. *Señor Jesús, haz que comprenda que cada día es una nueva oportunidad para la gracia. Ayúdame a utilizar al máximo todas mis oportunidades—de comenzar de nuevo cada día.*

Mayo 4

Porque por mí tus días se multiplicarán y te serán añadidos años a tu vida. —Pr 9:11

MEDITACION. Usted nunca piensa en María sin que María piense en Dios en su nombre.

Tampoco jamás usted alabará y honrará al Señor sin que María alabe y honre a Dios junto con usted. — *San Luis Grignion de Montfort*

ORACION. *Padre Celestial, gracias por darme a María como mi intercesora. Permíteme colaborar con ella alabándote y salvando almas.*

¡Si conocieras el don de Dios y Quién es el que te habla! **—Jn 4:10**

Mayo 5

MEDITACION. Oh, si sólo la Eucaristía fuera comprendida mejor por los Cristianos y recibida con mayor dignidad y frecuencia.

¡Cuán abundantes sería los frutos de la armonía, la paz y el decoro espiritual que fluirían de la misma para la Iglesia y toda la humanidad! *— San Juan XXIII*

ORACION. *Señor Jesús, ayúdame a apreciar mejor la Eucaristía. Permíteme recibirla con comprensión, amor y acción de gracias de manera que pueda dar abundante fruto en mí.*

Inmediatamente se abrieron los oídos al hombre, se soltó la lengua y comenzó a hablar bièn. **—Mc 7:35**

Mayo 6

MEDITACION. El nudo de su lengua se desató y habló claramente. Usted también tiene la lengua desatada y puede usarla cuando lo desee.

¿Por qué la usa para el mal antes que para el bien? Usted se ocupa de buscar entre los frutos que desea comer. Debía tener igual cuidado en escoger lo que desea decir.

— San Agustín

ORACION. *Padre Celestial, ayúdame a comprender la manera maravillosa de comunicarme con los demás que Tu me has concedido—principalmente con mi lengua. Permíteme usarla para el bien.*

Mayo 7

Ellos le hicieron señas a sus compañeros . . . para que vinieran y los ayudaran. Entonces ellos se llegaron y llenaron ambos botes. **—Lc 5:7**

MEDITACION. El apostolado asociado de los Cristianos es también de gran importancia.

Porque muchas veces exige, tanto en las comunidades de la Iglesia como en los más diversos ambientes, el ser ejercitado con una actuación comunitaria.

— *Vaticano II, Apostolado de los Laicos, no. 18*

ORACION. *Creador del universo, Tú quieres que los Cristianos trabajen juntos y con otros para hacer Tu trabajo en la tierra. Ayúdame a entregarme libremente a cualquier labor que sirva para edificar el Cuerpo de Cristo en este mundo.*

Mayo 8

Feliz quien me escucha y se presenta a mi puerta día tras día . . . porque el que me haya a mí, halla la vida. **—Pr 8:34-35**

MEDITACION. La Santísima Virgen es la Madre y Dispensadora de todas las gracias.

¡No hay un solo siervo de esta gran Reina que no deje de declarar: "Es mi devoción a María la que cuenta para el aumento del todo el bien en mí!" — *San Antonino*

ORACION. *Jesús, inspírame para acudir a Tu Madre en mis dificultades. Ayúdame a dedicarme a ella y recibir las gracias que necesito para estar con Ustedes dos en el cielo.*

Todo lo puedo en Aquel que me fortalece. **—Fil 4:13**

Mayo 9

MEDITACION. Nada puedo hacer por mí mismo, pero en unión con Dios lo puedo todo.

¡Deseo hacerlo todo por amor a Dios!

— San Vicente Palloti

ORACION. *Dios poderoso, concédeme que pueda ponerme en Tus manos y nunca desesperar. No permitas que rehuya aún la tarea más dura—porque con Tu ayuda puedo hacerlo todo.*

Aquellos que oyen la palabra y la retienen con un corazón limpio y recto dan fruto por la perseverancia. **—Lc 8:15**

Mayo 10

MEDITACION. Graba en tu corazón las palabras del Señor que escuchas.

¡Pues la palabra de Dios es el alimento del alma y debe quedar en nuestra memoria!

— San Gregorio Magno

ORACION. *Padre Amante, enséñame a grabar en mi corazón Tu santa palabra siempre que yo la escuche. Ayúdame a estar abierto para escucharla, guardarla y cosechar los beneficios que ella rinde.*

Mayo 11

Así es como debéis orar: "Padre nuestro. . . ." —Mt 6:9

MEDITACION. El Padre Nuestro encierra misterios . . . ricos en poder espiritual.

En él se incluyen todas las peticiones y oraciones que podemos hacer. Es un compendio de la doctrina celestial.

— San Cipriano de Cartago

ORACION. *Señor Jesús, ayúdame a apreciar la profundidad y el poder de la oración que Tú nos enseñaste. Enséñame a decirla con una total comprensión de manera que sea mi oración por excelencia.*

Mayo 12

Bendita tú eres entre todas las mujeres, y bendito es el fruto de tu vientre. —Lc 1:42

MEDITACION. ¿Desean conocer las más íntimas perfecciones de Jesús y las atracciones más ocultas de Su amor?

¡Entonces búsquenlas en el corazón de María! *— San Pedro Eymard*

ORACION. *Señor Jesús, mantén siempre delante de mí las palabras probadas y confiables del refrán Cristiano: "A Jesús a través de María." ¡Y permíteme aprender a buscarte en su corazón de Madre!*

Bendito sea Dios . . . Que nos bendijo en Cristo con todas las bendiciones espirituales en las alturas. **—Ef 1:3**

Mayo 13

MEDITACION. Enriquezca su alma en la gran bondad de Dios.

El Padre es su Mesa; el Hijo es su Alimento, y el Espíritu Santo le sirve y después hace Su morada en usted.

— Santa Catalina de Siena

ORACION. *Dios trino y uno, ayúdame a comprender las inefables bendiciones que Tu has puesto a disposición de todos los Cristianos. Permíteme estar siempre consciente de los actos de la Adorable Trinidad en mi vida.*

Buscaron justicia no por la fe sino por las obras, y cayeron. **—Ro 9:32**

Mayo 14

MEDITACION. Hacer obras sin fe es como erigir un magnífico edificio sobre malos cimientos. Mientras mayor es el edificio, mayor será su caída.

Sin el respaldo de la fe, las buenas obras no perdurarán. *— San Ambrosio*

ORACION. *Señor Jesús, ayúdame a evitar el error de hacer obras sin tener una fe viva. Permíteme siempre combinar tanto la fe como las obras en cada día de mi vida.*

Mayo 15

Jesús dijo al discípulo: "He ahí tu Madre." **—Jn 19:27**

MEDITACION. La Santísima Virgen nos dirige todos los actos que cada madre prodiga a sus hijos.

Ella nos ama, nos cuida, nos protege e intercede por nosotros. *— San Juan XXIII*

ORACION. *Señor Jesús, ayúdame a acudir constantemente a Tu santa Madre María. Concédeme que pueda dedicarme a ella que tanto me ama y me cuida como una verdadera Madre.*

Mayo 16

Mejor está el hombre humilde que se sirve a sí mismo, que el presuntuoso a quien le falta el pan. **—Pr 12:9**

MEDITACION. El valor de nuestra vida no depende de la posición que ocupamos.

Depende de la manera que ocupamos esa posición. *— Santa Teresa del Niño Jesús*

ORACION. *Dios Todopoderoso, enséñame el verdadero valor de la vida. Ayúdame a cumplir los deberes de mi posición en la forma que Tú deseas—como un seguidor dedicado de Tu Hijo Jesús.*

Que no se enorgullezca . . . el rico de su riqueza.

—Jr 9:22

Mayo 17

MEDITACION. Aquellos que poseen riquezas exteriormente deben tener cuidado de no poseerlas interiormente, es decir, con deseo.

Ellos deben eliminar todo lo terrenal de sus deseos. *— Santa Catalina de Siena*

ORACION. *Padre Celestial, haz que mi corazón no sea una morada de las riquezas terrenales. Ayúdame a buscar las verdaderas riquezas espirituales que Tú nos concedes en Cristo nuestro Señor.*

¡Tú eres la gloria de Jerusalén, el orgullo incomparable de Israel, el gran honor de nuestro pueblo!

—Jdt 15:9

Mayo 18

MEDITACION. Aquellos que desean evitar que sus corazones sean invadidos por los males de la tierra deben confiarlos a la Santísima Virgen, nuestra Señora y nuestra Madre.

Entonces volverán a ganarse el cielo, libres de todos los males.

— San Francisco de Sales

ORACION. *Señor Jesús, muéveme a entregar mi corazón y mis afectos a Tu santa Madre. Concédeme que sus oraciones me mantengan lejos de todo mal y me unan firmemente a Ti para siempre.*

Mayo 19 ***Por su celo en el temor del Señor . . . él hizo expiación por Israel.*** **—Eclo 45:23**

MEDITACION. No escatimemos ningún esfuerzo en llevar almas a Dios.

Según la palabra de San Agustín: "Donde no hay celo, tampoco hay amor."

— Papa Pío XI

ORACION. *Padre Celestial, Tú quisiste que todos los hombres fueran salvos. Ayúdame a ser celoso por la salvación de todos aquellos que encuentro dando testimonio con mi vida y con mi oración.*

Mayo 20 ***Si un hombre es justo y hace lo correcto . . . ha retirado su mano de hacer el mal.*** **—Ez 18:5-8**

MEDITACION. La justicia se puede entender en muchas y diversas formas.

Entre otras cosas, la justicia es la perseverancia de una buena voluntad.

— San Bernardino de Siena

ORACION. *Dios de toda justicia, infúndeme la verdadera virtud de la justicia. Permíteme tener una buena voluntad hacia Ti y hacia todos los hombres—otorgando a cada uno aquello que le es debido.*

Permanezcan en Mí, como Yo permanezco en ustedes.
—Jn 15:4

Mayo 21

MEDITACION. Vean a Cristo nuestro Señor en todos los seres humanos.

De esta manera, estarán llenos de respeto y consideración hacia los demás.

— Santa Teresa de Avila

ORACION. *Señor Jesús, concédeme la gracia de contemplar todos los seres humanos como personas posibles en las que Tú puedes morar. Permíteme respetarlos por Tu causa, mi Señor y Redentor.*

Amo a los que me aman, y los que me buscan me encuentran.
—Pr 8:17

Mayo 22

MEDITACION. Dichosos los que se abandonan a sí mismos en las manos de nuestra Señora.

Sus nombres están escritos en el Libro de la Vida.

— San Buenaventura

ORACION. *Padre Celestial, haz de mí un fiel devoto de Tu amadísima Hija María. Permíteme confiarme siempre a sus manos de modo que ella me proteja como protegió a Tu Hijo Jesús en Su niñez y adolescencia.*

Mayo 23 ***Cada uno de nosotros tendrá que rendir cuentas de sí mismo ante Dios. Por tanto, dejémonos de juzgarnos unos a otros.*** **—Ro 14:12-13**

MEDITACION. No busquen expresar juicios sobre las cosas que no les conciernen.

Nuestro Señor no desea que lo hagan. El se reserva este juicio para Sí Mismo.

— San Buenaventura

ORACION. *Señor Jesús, nunca permitas que me tome la facultad de juzgar a los demás. Permíteme dejarte a Ti todo juicio, porque Tú eres un Juez omnisciente y todopoderoso.*

Mayo 24 ***María . . . viajó con presteza a la montaña . . . y entró en casa de Zacarías y saludó a Isabel.*** **— Lc 1:39**

MEDITACION. En nuestra vida interior y en el apostolado, trabajemos siempre con María.

Porque entonces todo se hace más fácil y más seguro, muy rápido y muy agradable.

— San Luis Grignion de Montfort

ORACION. *Señor Jesús, ayúdame a laborar duramente en el apostolado Cristiano. Enséñame a trabajar siempre con Tu santa Madre para así poder alcanzar los mejores frutos de esta labor.*

Ustedes están en un error, porque no entienden las Escrituras. **—Mt 22:29**

Mayo 25

MEDITACION. Todo el compendio de las Divinas Escrituras se interpreta de una manera cuádruple.

Debemos asegurarnos qué verdades imperecederas encierran, qué hechos se narran, qué eventos se predicen y qué mandamientos o consejos contienen. *— San Beda el Venerable*

ORACION. *Padre Celestial, enséñame cómo leer Tus maravillosas palabras en las Escrituras con una comprensión verdadera. Permíteme seguir siempre la interpretación dada por Tu Santa Iglesia.*

Se les ha concedido a ustedes, de parte de Cristo, no solo creer en El, sino también sufrir por El. **— Fil 1:29**

Mayo 26

MEDITACION. La grandeza de nuestro Dios debe probarse por el deseo que tenemos de sufrir por amor a Su Nombre. . . .

¡Soporten la cruz y no permitan que la cruz los soporte a ustedes! *— San Felipe Neri*

ORACION. *Señor Jesucristo, permíteme estar estrechamente unido a Ti en todas las cosas. Concédeme estar deseoso de llevar mi cruz—por amor a Ti y en unión contigo.*

Mayo 27

El Espíritu del Señor descansará sobre El: el Espíritu de Sabiduría. **—Is 11:2**

MEDITACION. Quienes son conducidos por el Espíritu Santo tienen un concepto correcto de todas las cosas.

De aquí que muchas personas incultas disfruten de dicho conocimiento más que los sabios. *— San Juan María Vianney*

ORACION. *Padre de todos los dones valiosos, envía sobre mí Tu Espíritu Santo con Sus dones séptuplos. Otórgame que pueda verlo todo con Tus ojos y actuar siempre según Tu Voluntad.*

Mayo 28

El Espíritu del Señor descansará sobre El: . . . el Espíritu de Conocimiento. **—Is 11:2**

MEDITACION. El Espíritu Santo nos conduce como una madre.

El lleva a Su hijo de la mano . . . al igual que uno que ve lleva a un ciego.

— San Juan María Vianney

ORACION. *Señor Jesús, concédeme Tu Espíritu con Su don del conocimiento. Ojalá que este don me capacite para discurrir Tus enseñanzas y distinguir entre el bien y el mal de un día al otro.*

El Espíritu de verdad . . . permanece con ustedes y estará en ustedes. —Jn 14:17

Mayo 29

MEDITACION. El Espíritu Santo no permanece inactivo en nosotros: El lava los pecados, purifica los corazones, revive los tibios e ilumina al ignorante.

Sus inspiraciones nos sugieren qué debemos hacer y qué no debemos hacer. Existe una variedad infinita en Sus comunicaciones. *— San Antonio de Padua*

ORACION. *Ven, Espíritu Santo, llena el corazón de Tu siervo y enciende en mí el fuego de Tu amor.*

Un hombre dio un suntuoso banquete, para el cual él envió muchas invitaciones. —Lc 14:16

Mayo 30

MEDITACION. Siento temor al pasar Jesús. Porque cuando El pasa quiere decir la salvación si le respondemos, pero es razón para condenarse si no le prestamos atención.

En toda invitación de parte de Jesús se puede decir que el Señor está pasando junto a nosotros. *— San Agustín*

ORACION. *Padre Todopoderoso, ilumina mis ojos y abre mi corazón para discurrir sobre "el paso" de Tu Hijo. Permíteme responder prontamente y de todo corazón a las invitaciones que El me hace cada día.*

Mayo 31 ***María permaneció con Isabel por cerca de tres meses y luego regresó a su hogar.*** **—Lc 1:56**

MEDITACION. El corazón de María, nuestra buena Madre, es todo amor y misericordia. Ella no desea otra cosa que nuestra felicidad.

Sólo tenemos que llegarnos hasta ella y nos escuchará. — *San Juan María Vianney*

ORACION. *Padre Celestial, permíteme acudir constantemente a María. Ojalá que ella pueda conducirme a la felicidad de la gloria celestial que Tú compartes con Tu Hijo en la unidad del Espíritu Santo.*

Junio 1 ***Las palabras que les he dicho son espíritu y vida.*** **—Jn 6:64**

MEDITACION. Asegúrese de no despreciar jamás las palabras del Salvador.

Ellas contienen en sí mismas una majestad tan inmensa que pueden despertar temor en quienes se han extraviado del sendero de la rectitud, mientras que conservan un gran consuelo para quienes las escuchan.

— *San Justino Mártir*

ORACION. *Señor Jesús, permíteme conservar y meditar sobre Tus Palabras cada día en mi corazón. Concédeme que ellas puedan inclinarme a hacer penitencia y también ofrezcan el consuelo necesario en los problemas de la vida.*

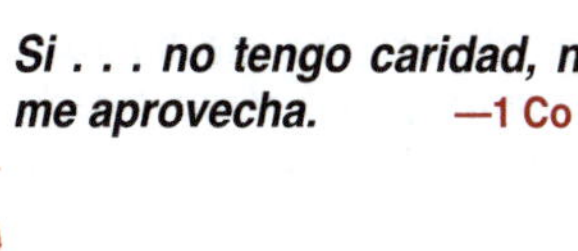

Si . . . no tengo caridad, nada me aprovecha. **—1 Co 13:3**

Junio 2

MEDITACION. La primera tarea del amor es reconocer delante de Dios que nosotros Le pertenecemos. Solamente a El debemos nuestras vidas.

Por tanto, nuestros corazones deben estar libres de todo lo que concierna a todas las otras personas. *—San Zeno*

ORACION. *Mi amante Creador, reconozco sin vacilar que yo Te pertenezco. Ayúdame a mantener mi corazón libre de todas las distracciones terrenales para que pueda unirme a Ti con todo mi ser.*

Tu palabra es lámpara a mis pies y luz en mi sendero. **—Sal 119:105**

Junio 3

MEDITACION. Ser Cristiano significa decir “Sí” a Jesucristo.

Consiste en rendirlo todo a la Palabra de Dios y descansar en ella, pero también esforzarse por conocer mejor y mejor el profundo significado de Su Palabra.

—San Juan Pablo II

ORACION. *Oh Dios, que Te revelas a Ti mismo, permíteme confiar siempre en Tu Palabra que lo ilumina todo. Ayúdame a leerla frecuentemente, estudiarla diligentemente, meditarla debidamente y ponerla en práctica en mi vida diaria.*

Junio 4

Nunca digan: "Yo me basto a mí mismo. ¿Qué daño puede sucederme ahora?" **—Eclo 11:24**

MEDITACION. La presunción es como un gusano escarbando al pie del árbol de nuestra alma.

Si no la extraemos con gran cuidado y humildad destruirá eventualmente el alma.

— Santa Catalina de Siena

ORACION. *Dios Todopoderoso, manténme alejado de toda presunción de mente y corazón. Ayúdame a comprender que dependo de Ti para todo y por mí mismo nada puedo hacer.*

Junio 5

El que los escucha a ustedes, Me escucha a Mí. Y el que los rechaza a ustedes, Me rechaza a Mí. **—Lc 10:16**

MEDITACION. En su viaje a través del océano de este mundo, la Iglesia es como una gran nave golpeada por las olas de las diferentes presiones de la vida.

Nuestro deber es no abandonar la nave sino mantenerla en su curso. *— San Bonifacio*

ORACION. *Señor Jesús, ayúdame a permanecer siempre fiel a Tu Iglesia. Permíteme ayudarla, construirla y defenderla y seguir siendo su miembro leal durante toda mi vida.*

De cierto te digo: sus muchos pecados le han sido perdonados porque ella ha demostrado un gran amor. **—Lc 7:47**

Junio 6

MEDITACION. Los Cristianos deben recordar siempre que el valor de sus buenas obras no se basa en el número ni en su excelencia.

Su valor se basa en el amor a Dios que los impulsa a hacer buenas obras.

— San Juan de la Cruz

ORACION. *Padre Amante, ayúdame a estar siempre motivado por un amor verdadero hacia Ti. No dejes que me preocupe tanto por lo que hago sino por qué lo hago.*

Por la fe llegamos a comprender. **—He 11:3**

Junio 7

MEDITACION. La comprensión es la recompensa de la fe.

Por tanto, no traten de comprender para poder creer—sino que crean para poder comprender. *— San Agustín*

ORACION. *Dios trino y uno, otórgame que yo pueda tener una fuerte fe viviente en Ti y en Tu Plan Divino de salvación. Ayúdame a creer de modo que pueda comprender y amar mi herencia Cristiana.*

Junio 8

Cuando hayan hecho todo lo que se les ha ordenado hacer, digan: "Somos siervos inútiles; sólo hicimos lo que teníamos que hacer." **—Lc 17:10**

MEDITACION. Dios se complace con las pequeñas obras que hacemos en secreto sin el deseo de ser vistos por los demás.

El se complace más en éstas que en una multitud de grandes obras que podamos hacer con el deseo de ser vistos por otros.

— San Juan de la Cruz

ORACION. *Oh Señor, ayúdame a hacer fielmente aquello que Te complace. No permitas que jamás haga las cosas sólo para aparecer grande a los ojos de los demás.*

Junio 9

Permanezcan despiertos y oren para no caer en la tentación. **—Mt 26:41**

MEDITACION. Jesús, Que no temió nada, tuvo temor y pidió verse libre de la muerte— aunque El sabía que ello era imposible.

¡Cuánto más debemos perseverar en la oración antes de que la tentación nos asalte— de manera de estar libres cuando venga la prueba! *— San Efrén*

ORACION. *Padre Celestial, ayúdame a trabajar en mi salvación con temor y temblando. Permíteme orar diariamente para que pueda resistir a la tentación y cumplir Tu Voluntad en todas las cosas.*

Y creó Dios al hombre a imagen Suya . . . y los creó hombre y mujer. —Gn 1:27

Junio 10

MEDITACION. No es cierto que haya algunos hombres que por naturaleza sean superiores y otros inferiores.

Todos los hombres fueron creados iguales en su dignidad natural. — *San Juan XXIII*

ORACION. *Dios Creador nuestro, ayúdame a contemplar cada ser humano como una persona creada a Tu imagen y semejanza. Concédeme que yo pueda tratarlos a todos igualmente, sin favoritismo ni prejuicio alguno.*

Ahora permanecen estas tres cosas: la fe, la esperanza y la caridad. —1 Co 13:13

Junio 11

MEDITACION. La fe es el comienzo y el amor es el final—y Dios es estos dos reunidos en una unidad.

Entonces viene todo lo demás que hace a un Cristiano. — *San Ignacio de Antioquía*

ORACION. *Dios Todopoderoso, permite que mi fe inicial termine en un verdadero amor hacia Ti. Y en medio de ello concédeme que pueda obtener todas las otras virtudes que nos hacen auténticos seguidores de Tu Hijo.*

Junio 12

Conságrense ustedes y sean santos, porque Yo soy santo.
—Lev 11:44

MEDITACION. Usted debe ser santo de la forma que Dios le pide que sea santo.

Dios no le pide que sea un monje trapense o un ermitaño. El desea que usted santifique el mundo y su vida diaria.

— San Vicente Palloti

ORACION. *Santo Dios, muéstrame la senda hacia la santidad que Tú deseas que yo siga. Enséñame cómo reconocerla y ayúdame a seguirla diligentemente todos los días de mi vida.*

Junio 13

¡Les digo que ahora es el tiempo del favor de Dios! Ahora es el día de la salvación.
—1 Co 6:2

MEDITACION. Contemple cada día como si estuviera comenzando ahora por primera vez.

Y actúe siempre con el mismo fervor que usted tenía el primer día que comenzó.

— San Antonio de Padua

ORACION. *Eterno Dios, permíteme contemplar cada día como un don especial que Tú me das. Capacítame para dedicarme verdaderamente a Ti, con Tu ayuda que nunca falta, para trabajar diariamente en mi salvación.*

A través de la Iglesia, se conoce la multiforme sabiduría de Dios. **—Ef 3:10**

Junio 14

MEDITACION. Ver a Cristo resucitado ayudó a los discípulos a creer en la Iglesia que vendría luego.

De la misma forma, el espectáculo de esa Iglesia ayuda a confirmar nuestra fe en la Resurrección de Cristo. *—San Agustín*

ORACION. *Señor Jesucristo, permite que Tu Iglesia sea un faro de conocimiento y verdad para mí y para todo el mundo. Confirma mi fe en Tu Vida, Muerte y Resurrección manteniéndome siempre de acuerdo con Tu Iglesia en todas las cosas.*

Mientras todos dormían, vino el enemigo y sembró cizaña en medio del trigo, y se fue. **—Mt 13:25**

Junio 15

MEDITACION. Debemos vivir en constante vigilancia. . . . ¿Quiere esto decir que debemos renunciar al sueño? ¡Por cierto que no!

No podemos vivir sin dormir. Lo que debemos evitar es el sueño de la voluntad.

—San Juan Crisóstomo

ORACION. *Señor que siempre estás alerta, permíteme vivir en constante vigilancia. Concédeme que mi voluntad pueda estar siempre en completa armonía con Tu santa Voluntad hacia mí.*

Junio 16 ***Padres, no provoquen la ira en sus hijos. Críenlos en la disciplina e instrucción del Señor.*** **—Ef 6:4**

MEDITACION. La familia es la Iglesia doméstica. Los padres deben ser los primeros predicadores de la Fe a sus hijos con sus palabras y ejemplos.

Deben alentar sus hijos en las vocaciones que cada uno de ellos elija, fomentando cuidadosamente las vocaciones al estado religioso. *— Vaticano II: La Iglesia, no.11*

ORACION. *Padre Celestial, ayúdame a cumplir seriamente mi papel en la Iglesia doméstica. Permíteme trabajar para asegurar que el amor Cristiano y la armonía reinen siempre en mi familia.*

Junio 17 ***Jesús es . . . la piedra angular. Y no hay salvación en ningún otro.*** **—Hch 4:11-12**

MEDITACION. Nadie puede avanzar en la virtud excepto siguiendo a Jesucristo.

El es la verdad, la vida y la única puerta a través de la cual todo aquel que quiera ser salvo debe entrar. *— San Juan de la Cruz*

ORACION. *Señor de bondad, permíteme comprender que Jesús es el único camino hacia Ti para todos los hombres. Concédeme que yo pueda seguirlo de cerca en la tierra y obtener mi hogar celestial.*

¡Qué hermosos son sobre los montes los pies del mensajero que nos trae buenas nuevas . . . y anuncia la salvación! —Is 52:7

Junio 18

MEDITACION. Qué emoción sentirá usted en el último día cuando escuche las palabras de aquellos que usted condujo al cielo casi por la mano:

"¡Estas personas son siervos del gran Dios que *nos* han proclamado las sendas de salvación!" —*San Juan Bautista de la Salle*

ORACION. *Dios Todopoderoso, haz de mí un deseoso mensajero de Tus Buenas Nuevas de Salvación para aquellos que no Te conocen. Permíteme ser un mensajero a través de la oración como también con mis palabras y acciones.*

Escribiré Mi ley en sus corazones; seré su Dios y ellos serán Mi pueblo. —Jr 31:33

Junio 19

MEDITACION. Las cosas están en descanso cuando están en su lugar apropiado.

El lugar apropiado para el corazón humano es el Corazón de Dios. —*San Agustín*

ORACION. *Padre Celestial, Tú me has dado un corazón que sólo puede estar satisfecho estando contigo. Ayúdame a mantener mi corazón unido a Ti cumpliendo Tu ley que está escrita en él.*

Junio 20 ***Así como el Padre Me ha amado a Mí, también Yo los he amado a ustedes. Permaneced en Mi amor.*** **—Jn 15:9**

MEDITACION. Esto es lo que deseo para ustedes sobre todas las cosas.

Que actúen por puro amor por Jesucristo y guiados por el deseo de Su gloria y la salvación de las almas que El redimió a tan alto costo. *— San Ignacio de Loyola*

ORACION. *Señor Jesús, ayúdame siempre a actuar por amor a Ti y por la salvación de las almas. Permíteme que todo lo que piense y haga y hable sea el resultado de mi doble intención.*

Junio 21 ***Un día con el Señor es igual que mil años, y mil años son como si fueran un solo día.*** **—2 Pe 3:8**

MEDITACION. Todo en esta tierra se acaba—con demasiada rapidez.

Pero la eternidad nunca pasará.

— San Luis Gonzaga

ORACION. *Eterno Dios, no permitas que me preocupe demasiado en la consecución de las cosas diarias. Ayúdame a mantener mis ojos fijos en Tus verdades eternas y considerar todas las cosas en la luz de la eternidad.*

Hay un solo Cuerpo y un solo Espíritu . . . un solo Señor, una sola Fe y un solo Bautismo.

—Ef 4:4-5

Junio 22

MEDITACION. El Señor es uno y el mismo en todo el mundo.

El proporciona Su amor en Su pueblo por el Espíritu Santo Que El derrama sobre toda carne. *— San Paulino*

ORACION. *Padre Celestial, ayúdame a sentirme unido con todos los Cristianos en todo el mundo. Deja que Tu Espíritu Santo derrame Su gracia en los corazones de todos los Cristianos y los lleve a una mayor unidad en el Cuerpo de Cristo.*

Traten siempre a los demás de igual forma que ustedes quisieran que ellos los trataran a ustedes. **—Mt 7:12**

Junio 23

MEDITACION. La buena voluntad en el alma es la fuente de todas las cosas buenas y la madre de todas las virtudes.

Pero aquellos que la poseen tienen en sus manos—sin temor de perderlo—todo lo necesario para tener una buena vida.

—San Alberto Magno

ORACION. *Padre Celestial, concédeme el verdadero espíritu de buena voluntad hacia todos. Permíteme estar dispuesto siempre a cumplir Tu Voluntad e ir a ayudar a cuantos conozca en este peregrinaje terrenal.*

Junio 24

El debe hacerse mayor; yo debo hacerme menor. —Jn 3:30

MEDITACION. El verdadero secreto del amor consiste en esto:

Debemos olvidarnos de nosotros mismos como hizo San Juan Bautista y exaltar y glorificar al Señor Jesús. — *San Pedro Eymard*

ORACION. *Dios Todopoderoso, ayúdame a apartar mis intereses. Permíteme buscar Tus intereses y hacerlo todo por el honor y la gloria de Tu Hijo Jesús.*

Junio 25

Que el Dios de paciencia y consuelo les conceda un sentir unánime de los unos para los otros según los sentimientos de Jesucristo. —Ro 15:5

MEDITACION. Imiten a Jesús, Quien es soberanamente perfecto y soberanamente santo.

Entonces nunca correrán el riesgo de perder el camino. — *San Juan de la Cruz*

ORACION. *Padre Celestial, permíteme adoptar la actitud de Tu Hijo Jesús. Concédeme que yo pueda ser Su seguidor en todas las cosas de la tierra de manera que pueda seguirlo también en el cielo.*

Si ustedes moran en Mí y Mis palabras moran en ustedes, podrán pedir todo lo que deseen y les será concedido.

—Jn 15:7

Junio 26

MEDITACION. Nosotros no podemos comprender el poder que un alma pura tiene sobre Dios.

No es el alma quien hace la Voluntad de Dios, sino Dios Quien hace la voluntad del alma. — *San Juan María Vianney*

ORACION. *Señor Dios, permíteme vivir una vida de pureza que me haga vivir en Ti. Permíteme estar tan unido a Ti que todo lo que yo pida esté en total acuerdo con Tu Voluntad hacia mí.*

¿No saben que sus cuerpos son miembros de Cristo?

—1 Co 6:15

Junio 27

MEDITACION. Todos nosotros estamos unidos con Cristo puesto que lo hemos recibido a El, Que es uno e indivisible, en nuestros cuerpos.

Por tanto, a El debemos el servicio de nuestros miembros más bien que a nosotros mismos. — *San Cirilo de Alejandría*

ORACION. *Dios Todopoderoso, ayúdame a poner todas mis facultades a disposición de Cristo de manera que pueda ser Su lazo con los demás y con el mundo. Concédeme poder entregarme enteramente a El cada día.*

Junio 28 ***Esta es la Voluntad de Mi Padre: que todos los que vean al Hijo y crean en El puedan tener vida eterna.*** **—Jn 6:40**

MEDITACION. El Padre hizo a Dios visible para los seres humanos a través de Sus innumerables misterios para impedir que ellos lo perdieran todo—aún sus propias vidas.

Pues la gloria de Dios es la persona viva, y la vida de una persona es la visión de Dios.

— San Ireneo

ORACION. *Padre Celestial, permíteme mantener vivas tanto mi vida natural como la vida sobrenatural que Tú me has dado en Cristo. Permíteme vivir mi vida a plenitud de manera que pueda alcanzar la vida eterna a través de El.*

Junio 29 ***Jesús dijo a Simón Pedro: "Alimenta Mis corderos. . . . Cuida Mis ovejas."*** **—Jn 21:15-16**

MEDITACION. Donde esté Pedro, allí está la Iglesia. Donde esté la Iglesia, allí está Jesucristo.

Donde está Jesucristo, hay salvación eterna. *— San Ambrosio*

ORACION. *Señor Jesús, Tú nos dejaste Tu Iglesia y Tu Vicario el Papa para asegurarnos el contacto contigo. Permíteme unirme siempre a Tu Iglesia y seguir sus enseñanzas con todo mi corazón.*

Dame cuenta de tu administración. —Lc 16:2

Junio 30

MEDITACION. ¿No tienen a su lado cuadernos en los que anotan sus cuentas de cada día?

De la misma manera, deben tomar cuenta de sus conciencias cada día.

— *San Juan Crisóstomo*

ORACION. *Dios de perdón, ayúdame a examinar mi conciencia diariamente. Enséñame a escudriñar mis faltas, pedirte perdón por ellas y decidir a mejorarme en el futuro.*

Todo aquel que se exalte a sí mismo será humillado; pero aquel que se humille a sí mismo será exaltado. —Lc 18:14

Julio 1

MEDITACION. Observe un hecho sorprendente. Dios está en las alturas. Usted se exalta a sí mismo y Dios huye de usted. Usted se humilla a sí mismo y Dios llega a usted.

Dios busca a los humildes para exaltarlos; pero El contempla a los orgullosos desde lejos para rebajarlos. — *San Agustín*

ORACION. *Dios Todopoderoso, siempre que trate de enorgullecerme de lo que hago, recuérdame la forma en que son las cosas. El solo bien que poseo viene de Ti; todo lo que yo tengo es mi flaqueza.*

Julio 2

Siempre llevamos en nuestros cuerpos la muerte de Jesús, de manera que la vida de Jesús también pueda manifestarse en nuestros cuerpos. **—2 Co 4:10**

MEDITACION. La vida pasible y temporal de Jesús en Su Cuerpo Místico—es decir, en los Cristianos—todavía no ha terminado.

Se completa día a día en cada Cristiano verdadero, y se completará totalmente al final de los tiempos. *— San Juan Eudes*

ORACION. *Padre Celestial, imprime en mi mente que mi labor, al igual que la de todos los Cristianos, es edificar el Cuerpo de Cristo en la tierra. Permíteme hacer todo aquello que facilite esta labor y aborrecer todo lo que la obstaculice.*

Julio 3

No inviertan el resto de sus vidas en deseos humanos, sino en la Voluntad de Dios. **—1 Pe 4:2**

MEDITACION. Sienta un dolor genuino por la menor cantidad de tiempo que malgaste.

Esto significa cualquier momento que usted no utiliza para manifestar amor por Dios. *— San Juan de la Cruz*

ORACION. *Señor del tiempo, perdóname por el tiempo malgastado en el pasado. Ayúdame de ahora en adelante a utilizar todo el tiempo que Tú me concedes en servirte de la forma que Tú deseas.*

Vivan como hombres libres pero sin usar esa libertad como un manto para hacer el mal. . . . Vivan como siervos de Dios. **—1 Pe 2:16**

Julio 4

MEDITACION. Dios ha puesto el bien y el mal en nuestro poder y nos ha concedido plena libertad para elegir.

El no rechaza a quienes se rebelan, pero abraza a los que están dispuestos.

— San Juan Crisóstomo

ORACION. *Señor Soberano, gracias Te doy por el don de la libertad que me has otorgado. Concédeme que siempre pueda usar mi libertad para servirte y glorificarte.*

Si tu enemigo tiene hambre, dale de comer . . . pues haciendo así amontonas carbones encendidos sobre su cabeza. **—Ro 12:20**

Julio 5

MEDITACION. Debemos amar y tener compasión para aquellos que se nos oponen, antes bien que aborrecerlos y despreciarlos.

Puesto que ellos se dañan a sí mismos y nos hacen bien. Ellos nos adornan con coronas de gloria eterna mientras que invitan la ira de Dios contra sí mismos.

— San Antonio María Zaccaría

ORACION. *Dios de bondad, otórgame la gracia de devolver el bien a aquellos que me hacen mal. Permíteme comprender que ellos son Tu instrumento para modelarme en la persona que Tú deseas que yo sea para toda la eternidad.*

Julio 6

Todo aquello que pidan en oración y lo hagan con fe, lo recibirán. **—Mt 21:22**

MEDITACION. Una gran fe merece grandes gracias de parte del Señor.

Mientras más cosas que su confianza se atreva a pedir al Señor, más usted recibirá.

— *San Bernardo*

ORACION. *Señor Jesús, concédeme una profunda fe y una firme confianza en Ti. Ayúdame especialmente en los tiempos de pruebas cuando todo parece perdido, pareces estar muy lejos y tengo temor.*

Julio 7

Cualquiera que sea su labor, háganla con todo su ser. Háganla por el Señor, no por los hombres. **—Col 3:23**

MEDITACION. Nosotros no cesamos de orar mientras continuemos haciendo el bien.

La oración de corazón y de las buenas obras vale más que la oración de los labios.

— *San Agustín*

ORACION. *Querido Dios, muéveme a hacerte una ofrenda al comienzo de cada día. Concédeme que todos mis actos durante el día puedan ser una devota continuación de mi oración empezada en la mañana.*

Oración antes de leer

Oración para Recibir el Espíritu Santo

¡Oh Rey de la Gloria! Envíanos al Prometido del Padre, el Espíritu de la verdad. Que el Consejero que procede de Ti nos ilumine y nos infunda toda la verdad, como lo has prometido.

Oración después de leer

Oración por los que Estudian o Enseñan la Doctrina Cristiana

Señor Jesucristo, con Tu Espíritu Santo, Tú das a unos la palabra de la sabiduría, a otros la palabra del conocimiento y a otros la palabra de fe. Concédenos el conocimiento del Padre y de Ti. Ayúdanos a unirnos tenazmente a la fe católica. En nuestros estudios y enseñanzas, concédenos que busquemos únicamente la expansión de Tu reino y de Tu santa Iglesia, tanto en nosotros como en los demás.

Soporto todas las cosas por amor de aquellos que Dios ha elegido. —2 Ti 2:10

Julio 8

MEDITACION. La paciencia tiene cualidades distintivas que los discursos no tienen.

Todos aquellos que sufren su cruz con paciencia proclaman elocuentemente a Jesucristo. —*San Alfonso de Ligorio*

ORACION. *Padre Celestial, enséñame a tener paciencia para llevar las cruces que aparecen en mi camino. Permite que mi ejemplo silencioso hable volúmenes a los demás y los conduzca a la fe en Tu Hijo Jesús.*

Como el Pan [Eucarístico] es uno, nosotros, aunque somos muchos, participamos de ese único Pan. —1 Co 10:17

Julio 9

MEDITACION. En la Eucaristía todo es amor. Jesús llega a nosotros y mora en nosotros.

El nos enseña cómo debemos amarnos los unos a los otros. —*San Agustín*

ORACION. *Padre Amantísimo, concede que cada Celebración de la Eucaristía pueda unirme más estrechamente a Tu Divino Hijo. Que también pueda unirme a todos los Cristianos y ayudarme a mostrar mayor amor por ellos cada día.*

Julio 10

Todo aquel que esté enojado con su hermano será sometido a juicio. **—Mt 5:22**

MEDITACION. El pecado de ira impaciente tiene un aspecto único.

Nos presenta por adelantado el mayor sabor del infierno en esta vida.

— Santa Catalina de Siena

ORACION. *Señor Jesús, ayúdame a controlar mi ira sin importar las circunstancias. Enséñame a permanecer en calma y esforzarme por devolver el bien por el mal en todas las situaciones que exalten los ánimos.*

Julio 11

No sean flojos de espíritu, sino fervorosos de espíritu y sirvan al Señor. **—Ro 12:11**

MEDITACION. Existe un fervor maligno, un espíritu amargado, que nos separa de Dios y nos lleva al infierno.

Igualmente, existe un buen fervor, que nos aparta de las inclinaciones malvadas y nos conduce hacia Dios y la vida eterna.

— San Benito

ORACION. *Padre Amante, concédeme tener un verdadero fervor en Tu servicio. No permitas que jamás me canse de seguir el ejemplo de Tu Hijo y evitar el mal.*

Dejen que sus palabras sean siempre afables y sazonadas con sal, de modo que sepan cómo responder a todos.

—Col 4:6

Julio 12

MEDITACION. Permanezcan en paz contemplando lo que se dice o hace en las conversaciones.

Si ello es bueno, tienen algo por lo cual alabar a Dios. Si es malo, tienen algo en lo cual servir a Dios apartando sus corazones lejos de ello. *— San Francisco de Sales*

ORACION. *Dios, deja que mis conversaciones sean siempre para el bien de mi alma y las almas de los demás. Enséñame cómo convertir las malas conversaciones en buenas y cómo permanecer intactos al escucharlas.*

No sólo de pan vive el hombre, sino de toda palabra que sale de la boca de Dios.

—Mt 4:4

Julio 13

MEDITACION. Mediten diariamente sobre las palabras de su Creador.

Aprendan el Corazón de Dios en las palabras de Dios, que sus almas puedan ser iluminadas con mayores anhelos por las alegrías celestiales. *— San Gregorio Magno*

ORACION. *Padre Celestial, inspírame a meditar cada día sobre Tus santas palabras. Permite que ellas me den consuelo por mi vida pasada, fuerzas para mi vida actual y esperanza para mi vida futura contigo en el cielo.*

Julio 14

Ningunos ojos han visto, ni oídos han escuchado, ni han penetrado en el corazón del hombre, las cosas que Dios ha preparado para aquellos que Lo aman. **—1 Co 2:9**

MEDITACION. La felicidad a la que aspiro es lo mayor que existe en la tierra.

Por tanto, contemplo con extremo júbilo todas las penas y sufrimientos que puedan sucederme. — *San Camilo de Lelis*

ORACION. *Padre Celestial, mantén mis pensamientos fijos en las sublimes alegrías almacenadas para mí en el cielo. Y permíteme soportar todos los sufrimientos y penas que puedan afligirme.*

Julio 15

Dios dio a los hombres una mente con la cual pensar. **—Eclo 17:5**

MEDITACION. Haga todos sus actos de acuerdo con la luz correcta de su razón.

En todas las cosas busque la salvación, la edificación de los demás, y la alabanza y gloria de Dios. — *San Buenaventura*

ORACION. *Dios de la Razón, concédeme el don de razonar correctamente y un entendimiento Cristiano. Déjame actuar siempre de acuerdo con los dictados de la razón y así poder agradarte.*

Yo era la delicia de Dios, día y noche. —Pr 8:30

Julio 16

MEDITACION. Tan agradable a Dios fue la humildad de María que El se sintió obligado por Su bondad a confiarle el Verbo, su Hijo Unigénito.

Y fue esa queridísima Madre que El nos dio. — *Santa Catalina de Siena*

ORACION. *Padre Celestial, permíteme acudir siempre a la Madre de Tu Hijo. Que ella pueda interceder por mí delante de Tu Divina Majestad de manera que yo pueda ser un verdadero seguidor de Tu Hijo.*

Lávame completamente de mi culpa y límpiame de pecado. Porque confieso mi iniquidad. —Sal 51:4-5

Julio 17

MEDITACION. La confesión ha sido llamada la puerta al cielo.

Por esta puerta los penitentes son llevados a besar los pies de la Divina Misericordia. Y ellos se levantan llenos de gracia celestial. — *San Antonio de Padua*

ORACION. *Dios Misericordioso, permíteme hacer uso frecuente del maravilloso Sacramento del perdón que Tu nos has dado. Concédeme que mis pecados puedan ser perdonados y que yo pueda crecer en Tu gracia.*

Julio 18 *No deban nada a nadie, excepto el amor del uno por el otro.* —Ro 13:11

MEDITACION. Es un hecho conocido que la gente siempre está consciente de lo que se les debe.

Desafortunadamente ellos ignoran lo que deben a los demás. *— San Francisco de Sales*

ORACION. *Señor Jesús, permíteme no estar tan preocupado por lo que los demás me deben. Ayúdame a dar a todos lo que les debo—especialmente la deuda de amor que Tú nos pediste.*

Julio 19 *Oh Señor, Tú me has escudriñado y me conoces.* —Sal 139:1

MEDITACION. Nuestro verdadero valor no consiste en lo que los hombres piensen de nosotros.

Lo que realmente somos consiste en lo que Dios sabe que somos.

— San Juan Berchmans

ORACION. *Padre Omnisciente, permite que me esfuerce siempre por verme a mí mismo como Tú me ves más bien que como otros lo hacen. Concédeme que, con Tu ayuda, pueda llegar a ser la persona que Tú deseas que yo sea en la eternidad.*

Recibe mi instrucción con preferencia a la plata y el conocimiento más bien que al mejor oro. **—Pr 8:10**

Julio 20

MEDITACION. Lean atentamente el libro de pureza que es María, escrito enteramente por el dedo de Dios.

Lean la santidad, el amor, la bondad, la humildad—en resumen, lean la vasta plenitud de todas las virtudes.

—Santo Tomás de Villanueva

ORACION. *Señor Jesús, ayúdame a aprender de Tu santa Madre cómo llevar una vida Cristiana. Déjame esforzarme en imitar las virtudes que ella mostró, pues ella fue Tu imitadora en la tierra.*

De acuerdo con la Escritura, Cristo no buscó Su propia complacencia. **—Ro 15:3**

Julio 21

MEDITACION. El mayor don que podemos recibir de Dios en este mundo es este:

Saber cómo desear y ser capaces de conquistarnos a nosotros mismos renunciando a nuestra propia voluntad. *—San Francisco de Asís*

ORACION. *Padre Celestial, enséñame cómo discernir Tu Voluntad, cómo seguirla y cómo hacerla mía en todas las cosas. Porque en ello descansa la verdadera felicidad tanto en este mundo como en el próximo.*

Julio 22

La gracia fue dada a cada uno de nosotros según la medida del don de Cristo. —Ef 4:7

MEDITACION. Dios está siempre concediéndonos visitas, dones y gracias.

Qué lengua puede expresar las múltiples y diversas maneras en las que Dios hace ésto no sólo por muchas personas sino para cada persona. —*Santa Catalina de Siena*

ORACION. *Señor Jesús, Te doy gracias por las incontables gracias que Tu has derramado sobre mí desde que nací. Ayúdame a cooperar con Tu gracia en todo momento, de manera que mis obras no sean hechas en vano.*

Julio 23

Pero Yo les digo: Amen a sus enemigos y oren por aquellos que los persiguen. —Mt 5:44

MEDITACION. Debemos mostrar amor por aquellos que nos hacen mal y orar por ellos.

Nada es más amado o más placentero a Dios que esto. —*Santa Brígida*

ORACION. *Dios de amor, concédeme la gran gracia de mostrar amor y perdón por aquellos que me hacen mal. Permíteme al menos poder orar por su salvación, ganarlos para Jesús.*

El que va tras la justicia y la piedad hallará vida, prosperidad y honor. **—Pr 21:21**

Julio 24

MEDITACION. Podemos ser excusados por no estar siempre alegres, pues no somos dueños de la alegría de manera de tenerla cuando la deseamos.

Pero no podemos ser excusados por no ser buenos, agradables y amables porque ello está siempre en poder de nuestra voluntad. *— San Francisco de Sales*

ORACION. *Dios de toda bondad, enséñame cómo buscar la bondad y amabilidad en todas mis acciones. No permitas que jamás me canse de mostrarme amable con todos por amor a Ti.*

Absténganse de hacer alegaciones jactanciosas, arrogantes y falsas en contra de la verdad. **—Stg 3:14**

Julio 25

MEDITACION. Los Cristianos deben aspirar a ser—con y a través de Cristo—testigos de la verdad que nos libera y salva.

Por lo tanto, deben educarse en el culto a la verdad tanto en sus palabras como en sus actos. *— San Pablo VI*

ORACION. *Dios de toda verdad, concede que yo pueda amar la verdad y dedicarme enteramente a ella. Manténme lejos de toda mentira y de toda clase de falsedades.*

Julio 26

Todo aquel que crea en El tendrá vida eterna en El. **—Jn 3:15**

MEDITACION. La fe no es una carga ni un yugo impuesto sobre los seres humanos. ¡Lejos de ello!

La fe es un beneficio inmenso porque comienza la vida en nosotros aún en esta tierra. — *Santo Tomás de Aquino*

ORACION. *Padre Celestial, gracias Te doy por haberme dado el don de la fe. Ayúdame a permanecer firme en mi fe durante toda mi vida y esforzarme por aumentarla día a día.*

Julio 27

Yo soy el Pan de la Vida. . . . Este es el Pan que baja del cielo de manera que aquel que lo come no muera. **—Jn 6:48-50**

MEDITACION. ¡Qué triste es ver aquellos que, teniendo alimento delante de ellos, se dejan morir de hambre!

Tomen su alimento—el amante Señor Jesús, Que fue crucificado por nosotros.

— *Santa Catalina de Siena*

ORACION. *Padre Celestial, no permitas que jamás padezca hambre de alimento espiritual. Ayúdame a recibir frecuentemente a Tu Hijo en la Comunión, de manera de poder unirme a Ti en unión del Espíritu Santo.*

El Padre de la Gloria . . . ha puesto todo a los pies de Cristo. **—Ef 1:17-22**

Julio 28

MEDITACION. El menor de los hechos de la vida está dirigido por el Señor.

Las criaturas son instrumentos, pero es la mano de Jesús la que lo dirige todo.

— Santa Teresa del Niño Jesús

ORACION. *Señor Jesús, Tú dominas toda la tierra y todo lo que hay en ella. Permíteme contemplar Tu guía y mano amorosa detrás de todos los eventos y aceptar cada uno de ellos como viniendo de Ti por mi bien.*

Los cielos hablan de la gloria de Dios y el firmamento muestra la obra de Sus manos. **—Sal 19:2**

Julio 29

MEDITACION. Aprendan a amar al Creador en Su creación, el Trabajador en Su obra.

No estén tan fascinados por las cosas creadas que se olviden de Aquel que las creó todas. *— San Agustín*

ORACION. *Padre Todopoderoso, ayúdame a amarte en todas Tus criaturas—tanto las vivientes como las no vivientes. Permíteme comprender que no importa cuán maravillosa sea Tu Creación, Tú eres infinitamente más maravilloso y adorable.*

Julio 30

Voy por las sendas de la rectitud y por los caminos de justicia, derramando la gracia sobre los que me aman.

—Pr 8:20-21

MEDITACION. La gracia de María ha dado gloria al cielo, un Dios a la tierra y fe a las naciones.

Ella ha conferido la muerte al vicio, orden a la vida y una regla a la moral.

— San Pedro Crisólogo

ORACION. *Padre Celestial, concédeme la gracia de tener a María como mi constante intercesora. Permíteme acudir a su ayuda en todas mis dificultades, pues ella es Tu Hija amada.*

Julio 31

Yo planté y Apolos regó, pero fue Dios Quien hizo crecer las plantas. **—1 Co 3:6**

MEDITACION. Debemos trabajar como si el éxito dependiera solamente de nosotros.

Al mismo tiempo debemos estar completamente convencidos de que no estamos haciendo nada; es Dios Quien lo hace todo.

— San Ignacio de Loyola

ORACION. *Dios Todopoderoso, permíteme comprender que no importa lo que yo haga, es solamente a través de Ti que yo lo hago. Ayúdame a trabajar como si todo dependiera de mí y orar como si todo dependiera de Ti.*

Que el Señor los acreciente y los haga abundar en amor los unos por los otros y hacia todos los hombres. **—1 Ts 3:12**

Ag. 1

MEDITACION. El medio para alcanzar el amor perfecto es realizar frecuentes actos de amor.

El fuego se alimenta con la madera que le echamos y el amor se enciende con actos de amor. *— San Alfonso de Ligorio*

ORACION. *Padre Amante, concédeme la gracia de esforzarme por obtener un amor perfecto. Ayúdame a realizar frecuentes actos de amor de manera que pueda crecer en la mayor de las virtudes.*

Nada vale tanto como un amigo fiel; su precio es incalculable. **—Eclo 6:15**

Ag. 2

MEDITACION. La amistad constituye un país para los exiliados, una fortuna para los pobres, una cura para los enfermos y una vida para los muertos.

Proporciona placer para quienes están bien, fuerza para los débiles y recompensa para los fuertes. *— San Agustín*

ORACION. *Padre Amante, concédeme la inmensa gracia de formar verdaderos amigos Cristianos. Permite que mis amigos y yo nos ayudemos mutuamente para llevar buenas vidas y alcanzar la felicidad de aquellos que Te sirven.*

Ag. 3 ***Todo aquel que Me ama guardará Mi palabra, y Mi Padre lo amará, y Nos llegaremos a él y haremos Nuestra morada con él.*** **—Jn 14:23**

MEDITACION. Por Su gracia Dios mora en el alma justa como en un templo, de una manera muy cercana y especial.

Ello cuenta por ese lazo de amor que une el alma a Dios y la hace regocijarse en El.

— Papa León XIII

ORACION. *Dios trino y uno, ayúdame a preparar mi alma y consérvala inmaculada por Tu morada sagrada. No permitas que nunca haga nada que me haga perder la gracia y obligarte a dejar mi alma.*

Ag. 4 ***Por esto el Padre Me ama, porque Yo doy Mi vida.*** **—Jn 10:17**

MEDITACION. El martirio es nada comparado a la Misa.

El martirio es el sacrificio que los seres humanos hacen de sus vidas a Dios. Pero la Misa es el sacrificio que Dios hace por los hombres, de Su Cuerpo y Su Sangre.

— San Juan María Vianney

ORACION. *Señor Jesús, ayúdame a comprender que la Misa es la mayor señal de Tu inmensurable amor por mí. Por tanto, permíteme que en cada Misa Te ofrezca todo mi ser, con todas sus alegrías y penas, éxitos y fracasos.*

Dios te salve, María, llena eres de gracia. El Señor es contigo.
—Lc 1:28

Ag. 5

MEDITACION. La salvación de todo el mundo comenzó con el "Ave María".

De aquí que la salvación de cada persona esté unida a esta oración.

— San Luis Grignion de Montfort

ORACION. *Señor Jesús, permite que la gran oración a Tu santa Madre esté en mis labios por la mañana, a mediodía y por la noche. Capacítame para decirla especialmente a la hora de mi muerte—porque ella asegurará mi salvación.*

Te basta Mi gracia, pues Mi poder se hace perfecto en la flaqueza. **—2 Co 12:9**

Ag. 6

MEDITACION. El valor y el costo de la gracia es su unción interior que nos recobra en Dios.

Una gracia interior vale más que mil gracias exteriores. Nuestras virtudes y nuestra devoción tienen vida solamente a través del recuerdo que las anima y las une a Dios.

— San Pedro Eymard

ORACION. *Padre de todos los dones valiosos, derrama sobre mí Tu gracia interior y haz que yo Te recuerde verdaderamente. Haz que todas mis actividades externas sean el resultado de Tu gracia y que obtengan mayores gracias para mí.*

Ag. 7 ***Aunque mi padre y mi madre me abandonen, el Señor me recibirá.*** **—Sal 27:10**

MEDITACION. Si tú quieres que Cristo te ame y te ayude, debes amarlo y tratar siempre de complacerlo.

No cedas en tu propósito, porque aún si todos los Santos y toda criatura te abandonara, El estará siempre cerca de ti, no importa cuáles sean tus necesidades.

— San Cayetano

ORACION. *Señor Jesús, permíteme amarte sobre todas las cosas y permanecer siempre unido a Ti. Ayúdame a hacer siempre las cosas que Te agradan.*

Ag. 8 ***El que come Mi Carne y bebe Mi Sangre, tiene la vida eterna.*** **—Jn 6:54**

MEDITACION. La gloria y la bondad de Dios consisten sobre todo en los efluvios de Su ternura.

Por tanto, aquellos que se acercan al Divino Sacramento obtienen mucho más la gloria de Dios que aquellos que se abstienen de recibirlo. *— Santo Tomás de Aquino*

ORACION. *Señor Jesucristo, no permitas que jamás me abstenga de recibirte en la Santa Comunión por vagancia o desinterés. Ayúdame a recibir frecuentemente la Comunión y cada vez con mayor devoción.*

Dios demuestra Su amor por nosotros en esto: Cristo murió por nosotros cuando todavía éramos pecadores. **—Ro 5:8**

Ag. 9

MEDITACION. El alma es un gran tesoro y rico depósito.

Pues la Sabiduría eterna, Que no se puede engañar, la contempla como más preciosa que Su propia Sangre. *— San Bernardo*

ORACION. *Padre Celestial, no permitas que me olvide nunca el valor incomparable de mi alma inmortal. Ayúdame a estar dispuesto a morir antes de arriesgarme a hacer algo que pueda perder mi alma.*

El fruto del Espíritu es amor, alegría, paz, paciencia, amabilidad, bondad, fidelidad, gentileza y control de sí mismo. **—Gá 5:22**

Ag. 10

MEDITACION. El sol penetra el cristal haciéndolo más brillante.

De la misma forma, el Espíritu santificador mora en las almas y las hace más radiantes. Ellas se convierten como en faros potentes que derraman gracia y amor a su alrededor. *— San Basilio*

ORACION. *Padre Celestial, permíteme estar dispuesto siempre a cooperar con las gracias dadas por Tu Espíritu Que mora en mí. Concédeme que yo pueda dar los frutos que Tú deseas.*

Ag. 11

La Sabiduría es el resplandor de la luz eterna y el espejo sin mancha del poder de Dios.

—Sab 7:26

MEDITACION. Mire cada día en el espejo sin mancha que es Jesucristo y estudie su reflejo.

De esa manera, se puede adornar a sí mismo, en cuerpo y alma, con cada virtud.

— Santa Clara de Asís

ORACION. *Señor Jesús, ayúdame a morar frecuentemente en la manera en que Te estoy siguiendo. Permíteme esforzarme cada día en hacerme más y más como Tú en todas las cosas.*

Ag. 12

La mujer agraciada se gana respeto. . . . El hombre amable se hace bien a sí mismo.

—Pr 11:16-17

MEDITACION. No corra detrás de toda clase de conocimiento, ilustración y entendimiento con la esperanza de ganarse los corazones de los demás.

Usted se ganará esos corazones con mayor seguridad mostrándose abierto y amable con ellos. *— San Juan Crisóstomo*

ORACION. *Padre Amable, ayúdame a mostrarme abierto y amable hacia los demás. De esta manera, permíteme ganarme sus corazones en la tierra y ganar sus almas para la eternidad.*

Dios nos ha dado un nuevo nacimiento . . . en una herencia imperecedera, impoluta y constante, conservada en el cielo para ustedes. **—1 Pe 1:3-4**

Ag. 13

MEDITACION. Tú tienes dentro de ti todo lo que necesitas para adquirir el Reino de los Cielos.

La alegría se comprará con sus penas, el descanso con su labor, la gloria con su humillación y la vida eterna con su muerte pasajera. *—San Agustín*

ORACION. *Padre Amante, enséñame cómo hacer que cada acto en la tierra me acumule tesoros en el cielo. Ayúdame a estar dispuesto a sufrir las penas, los trabajos, las humillaciones y la muerte para así obtener el cielo.*

El consejo y el buen juicio me pertenecen; yo tengo comprensión y poder. **—Pr 8:14**

Ag. 14

MEDITACION. Cuando nosotros nos dedicamos a María, nos hacemos instrumentos en sus manos al igual que ella es un instrumento en las manos de Dios.

Dejemos que entonces seamos guiados por ella pues ella proveerá por todas las necesidades de cuerpo y alma y vencerá todas nuestras dificultades y ansiedades.

—San Maximiliano Kolbe

ORACION. *Querido Jesús, permíteme acudir a Tu santa Madre en todas mis tribulaciones y dificultades. Concédeme que ella pueda confortarme y llevarme hasta Ti.*

Ag. 15 ***Aquellos que siembran en lágrimas recogerán la cosecha con exclamaciones de júbilo.***
—Sal 126:5

MEDITACION. María sembró mucho en lágrimas mientras estuvo en la tierra y ahora cosecha mucho con júbilo celestial.

Lo mismo será igualmente cierto para nosotros. Mientras más victorias espirituales obtengamos en la tierra, más recibiremos en el cielo. *— San Bernardo*

ORACION. *Padre Celestial, concédeme Tu gracia para obtener victorias espirituales sobre mí mismo, el mundo y el diablo. Permíteme ser fiel como lo fue María y así compartir su gloria contigo.*

Ag. 16 ***Si muestran favoritismo están cometiendo un pecado y aparecerán convictos delante de la ley.*** **—Stg 2:9**

MEDITACION. No muestre favor solamente para familiares o conocidos, ni para aquellos que son eminentes—bien sean líderes, adinerados, vecinos o conciudadanos de su mismo país.

Muestre su favor hacia todos aquellos que se llegan hasta ustedes. Cumpliendo su deber de esta manera alcanzará el mayor grado de felicidad. *— San Esteban de Hungría*

ORACION. *Justo Padre, ayúdame a vencer todas las tendencias a mostrar favoritismo en mi vida. Permíteme tratar a todas las personas como hermanos y hermanas en Cristo y trabajar y orar para salvarles.*

Esta es Mi Sangre de la Alianza que será derramada por muchos para el perdón de pecados. —Mt 26:28

Ag. 17

MEDITACION. Se puede decir que la Eucaristía es Calvario perpetuo.

¡Sin ella cuántas veces la ira de Dios hubiera descendido sobre nuestras cabezas!

— *San Pedro Eymard*

ORACION. *Padre Celestial, haz que comprenda que la Eucaristía es el memorial del acto de Cristo que me liberó de mis pecados. Ayúdame a participar devotamente en cada Eucaristía y obtener la gracia de evitar el pecado.*

Bien hecho, siervo bueno y fiel. . . . Ven y comparte la alegría de tu señor. —Mt 25:21

Ag. 18

MEDITACION. En la casa de Dios debemos tratar de aceptar toda labor que El nos da: cocinero . . . camarero, caballerizo o panadero.

Porque sabemos que nuestra recompensa depende no de la labor misma sino de la fidelidad con que sirvamos a Dios.

— *Papa Juan Pablo I*

ORACION. *Padre Celestial, ayúdame a aceptar la labor que Tú me das para ser hecha en mi vida. Permíteme serle fiel todos los días y poder alcanzar Tu recompensa eterna en el cielo.*

Ag. 19 ***Ustedes son mis hijos por quienes sufro nuevamente dolores de parto, hasta ver a Cristo formado en ustedes.***
—Gá 4:19

MEDITACION. Hay una sola razón para que vivamos en la tierra.

Debemos soportar, manifestar, santificar, glorificar y causar que viva y reine en nosotros el nombre, la vida, las cualidades y perfecciones, disposiciones e inclinaciones, y las virtudes y actos de Jesús. *— San Juan Eudes*

ORACION. *Padre Celestial, infunde en mi pensamiento y corazón que yo debo conformarme a Tu Hijo en todas las cosas. Permíteme imitarlo tan completamente que yo pueda ser verdaderamente* "otro Cristo".

Ag. 20 ***Mantengan . . . una buena conciencia. Algunos que la perdieron han arruinado su fe.***
—1 Ti 1:19

MEDITACION. Una buena conciencia es un tesoro de riquezas.

De cierto, ¿qué mayores riquezas puede haber—o qué puede ser más dulce—que una buena conciencia? *— San Bernardo*

ORACION. *Dios Omnisciente, permíteme comparecer en Tu presencia con una buena conciencia. Ayúdame a evitar todo aquello que pueda manchar mi conciencia y hacer todo lo que pueda para permanecer unido a Ti.*

Ahora tienen tristeza, pero Yo volveré a verlos y sus corazones se regocijarán, y nadie los privará de su júbilo.

—Jn 16:22

Ag. 21

MEDITACION. Los Católicos son parte de la Iglesia Militante. Ellos luchan y sufren por el triunfo de Cristo.

Nunca deben perder de vista a su Modelo Divino, de manera que sus pruebas se conviertan en alegría. *— San Pío X*

ORACION. *Jesús, Señor de los Sufrimientos, concédeme que yo pueda luchar y sufrir en unión contigo. Permíteme mantener siempre delante de mí el júbilo que seguirá después de estos sufrimientos temporales.*

Mi fruto es mejor que el oro; sí, aún el oro más fino, y mis productos mejores que la plata escogida. **—Pr 8:19**

Ag. 22

MEDITACION. María es el tallo de la hermosa flor en la que descansa el Espíritu Santo con la plenitud de Sus dones. De ahí que, cuantos desean obtener los siete dones del Espíritu deben buscar la flor del Espiritu Santo en el tallo [María].

Nosotros vamos a Jesús a través de María y a través de Jesús hallamos la gracia del Espíritu Santo. *— San Buenaventura*

ORACION. *Padre Celestial, Tú hiciste que María fuera la Esposa del Espíritu Santo. Ayúdame llegar al Espíritu Santo a través de María y de Jesús y obtener Sus dones incomparables.*

Ag. 23 ***En Cristo tenemos la redención por Su Sangre, el perdón de los pecados, según las riquezas de Su gracia que El ha derramado en nosotros.*** **—Ef 1:7**

MEDITACION. Si sólo pudiéramos aprender cuán grande es poseer la gracia divina y cuántas riquezas tiene en sí misma, cuántas alegrías y delicias.

Dedicaríamos todas nuestros intereses en ganarnos para nosotros las penas y aflicciones para poder alcanzar el inconmensurable tesoro de la gracia. *—Santa Rosa de Lima*

ORACION: *Dios de toda bondad, conserva siempre en mi pensamiento las riquezas inconmensurables de Tu gracia. Concédeme que yo pueda dedicar todos mis esfuerzos a cooperar con la gracia y crecer en ella día a día.*

Ag. 24 ***Dios quiso revelarme Su Hijo de manera que yo pueda predicar las Buenas Nuevas anunciándolas a los Gentiles.*** **—Gá 1:16**

MEDITACION. No importa dónde usted pueda estar o dónde pueda trabajar, asegúrese de que el mundo será renovado al ponerse en contacto con usted.

Haga que el Señor esté más presente a los seres humanos y el Evangelio más conocido y amado por ellos. *—San Pablo VI*

ORACION. *Padre Celestial, enséñame a imitar a Tu Divino Hijo en mi vida. Concédeme que con mi presencia como también con mis obras, yo pueda llevar a Cristo y Su Mensaje a todos los que me encuentro.*

El siervo del Señor . . . debe ser capaz de enseñar, instruyendo con amabilidad a todos los que se le oponen.

—2 Ti 2:24-25

Ag. 25

MEDITACION. Todos los que se ocupan de enseñar deben estar dotados de un profundo amor, la mayor de las paciencias y, sobre todo, una profunda humildad. Ellos deben realizar su trabajo con el mayor celo.

Entonces, por sus humildes oraciones, el Señor los hallará dignos de ser Sus seguidores en Su trabajo por causa de la verdad. — *San Luis*

ORACION. *Querido Señor, ayúdame a enseñar a los demás acerca de Ti con mi ejemplo como también con mis palabras. Concédeme que yo pueda extender Tu verdad y Tu luz dondequiera que yo vaya.*

Den gracias a Dios Padre por todo en el Nombre de nuestro Señor Jesucristo. **—Ef 5:20**

Ag. 26

MEDITACION. Nunca debemos dejar de dar gracias al Señor después de recibir alguna señal de bondad, algún beneficio, de Su parte.

Pues Dios ama los corazones agradecidos y derrama Sus bendiciones sobre ellos.

— *Santa María Eufrasia*

ORACION. *Padre Celestial, gracias Te doy por todas las gracias y bendiciones que Tú has derramado sobre mí desde que nací. Ayúdame a mostrar mi gratitud usando todos Tus dones para Tu gloria y el mejoramiento de los seres humanos.*

Ag. 27 ***La vida que ahora vivo . . . la estoy viviendo por la fe en el Hijo de Dios, El cual me amó y se entregó a Sí Mismo por mí.***
—Gá 2:20

MEDITACION. El crucifijo es un libro abierto que todos pueden leer.

El crucifijo es una infinita declaración de amor. *— Santa Catalina de Siena*

ORACION. *Señor Jesucristo, inspírame a leer el Crucifijo frecuentemente. Concédeme que pueda devolverte las gracias y el amor hacia Ti por Tu gran amor hacia mí.*

Ag. 28 ***No amemos de palabra ni de lengua, sino de obra y de verdad.*** **—1 Jn 3:18**

MEDITACION. Ame, y haga lo que desee. Si está en silencio, esté en silencio por amor. Si censura, censure por amor. Si se abstiene, absténgase por amor.

Ponga el amor en su corazón. Nada más que el bien puede emanar de esa fuente.

— San Agustín

ORACION. *Padre Celestial, concédeme el don de Tu amor de manera que todo lo que yo pueda hacer lo haga por ese amor. Déjame amar y hacer lo que deseo—es decir, amar en obras y en la verdad.*

Recibirán el poder del Espíritu Santo Que vendrá sobre ustedes; y serán Mis testigos . . . hasta el extremo de la tierra.

—Hch 1:8

Ag. 29

MEDITACION. El santo Pueblo de Dios comparte en la labor profética de Cristo.

Ellos extienden en el extranjero el testimonio vivo de El, especialmente mediante una vida de fe y amor y ofreciendo a Dios un sacrificio de alabanza. *—Vaticano II: La Iglesia, no. 12*

ORACION. *Señor Jesús, ayúdame a compartir en Tu labor profética a través del Espíritu. Permite que mi vida dé testimonio de Ti y traiga a los hombres el verdadero conocimiento de Tu Nombre.*

Repentinamente se desató una gran tormenta en el lago de manera que el bote estaba inundado por las olas. Pero Jesús dormía. . . . **—Mt 8:24**

Ag. 30

MEDITACION. Es imposible ir por la vida sin tribulaciones, porque las tribulaciones son pruebas naturales de la fe. Como marineros alerta debemos asegurarnos de despertar al Piloto de nuestra nave.

Aquellos que se permiten a sí mismos ser sobrecogidos por el temor mientras están en compañía de Jesús merecen que El les reproche. Porque todos aquellos que están unidos a El no pueden perecer. *—San Ambrosio*

ORACION. *Jesús, déjame llegar con confianza hasta Ti en todas mis pruebas. Haz que comprenda que Tú estás siempre presente y listo para responder a mi llamada.*

Ag. 31 ***El les dijo una parábola sobre la necesidad que tenían de orar siempre y no desfallecer.***
—Lc 18:1

MEDITACION. *Oren siempre*—he aquí lo que significan estas palabras:

Bien la oración debe estar siempre en nuestros *labios* para pedir alguna gracia. O debe estar en nuestro *corazón* en el deseo de esa gracia. O debe estar en nuestras *obras*, que son una preparación para una oración efectiva. *— San Buenaventura*

ORACION. *Padre Celestial, enséñame el valor de orar siempre. Concédeme que todo hecho de mi vida pueda ser una ocasión para orar— con mis labios, mi corazón o mis obras.*

Sept. 1 ***Perseveraban en oír la enseñanza de los Apóstoles y en la vida en común, en la fracción del pan y en la oración.***
—Hch 2:42

MEDITACION. Cuando la Iglesia ora en su Liturgia es Cristo Quien ora.

Porque la Iglesia ora en Cristo y Cristo ora en la Iglesia: el Cuerpo ora en la Cabeza y la Cabeza en el Cuerpo. *— San Agustín*

ORACION. *Glorioso Señor, ayúdame a orar la Liturgia en unión con Cristo para Tu gloria. En cada Eucaristía, déjame adorarte y darte las gracias conscientemente, hacer reparación por Ti y presentar mis peticiones delante de Ti.*

Mejor es no tener descendencia y ser virtuosos, pues en la memoria de la virtud hay inmortalidad. **—Sab 4:1**

Sept. 2

MEDITACION. Al igual que las estrellas son el adorno del firmamento, así las virtudes son el adorno y la luz del alma.

La virtud es, por así decirlo, el cielo en nuestro corazón. — *San Juan Clímaco*

ORACION. *Santísimo Dios, concédeme la gracia de obtener las virtudes Cristianas. Permite que toda mi vida gire alrededor de ellas de tal manera que yo también pueda irradiarlas en los demás.*

Desde la creación del mundo . . . el poder eterno y la naturaleza divina de Dios han sido visibles, siendo comprendidos a través de las cosas que El ha hecho. **—Ro 1:20**

Sept. 3

MEDITACION. Dios está dentro de todo, pero no incluido; fuera de todo, pero no excluido.

Dios está sobre todas las cosas, pero no más allá de su alcance. — *San Gregorio Magno*

ORACION. *Señor de la creación, concédeme la gracia de contemplarte en todas las cosas y en todos los lugares de la tierra. Ayúdame a buscarte y alcanzarte en todos los eventos que experimente y en todas las personas con quienes me encuentre en mi vida diaria.*

Sept. 4 ***Todos tenemos un don especial dado por Dios, unos de una clase y otros de otra.***
—1 Co 7:7

MEDITACION. Todos los fieles de todo estado y condición están provistos de gran cantidad de medios maravillosos de salvación.

Así es que son llamados por Dios—cada uno o una en su propia manera—para alcanzar esa perfección de santidad con la que el Padre Celestial es perfecto.

— Vaticano II: Constitución de la Iglesia, no. 11

ORACION. *Padre Celestial, ayúdame a ser santo en la forma que Tú has previsto para mí. Permíteme cumplir a plenitud los deberes de mi condición en la vida y así obtener la santidad que me merezco.*

Sept. 5 ***El Señor castiga aquellos que Lo adoran como un medio de amonestación.***
—Jdt 8:27

MEDITACION. Sufrir por amor a Dios es un favor excepcional, pero nosotros no lo comprendemos.

Porque damos gracias a Dios por nuestra prosperidad y no comprendemos que nuestras aflicciones serían una gracia mucho mayor.

— San José de Cupertino

ORACION. *Misericordioso Señor, enséñame a contemplar todo sufrimiento como algo que Tú permites para hacerme más semejante a Tu Hijo Jesús. Ayúdame a aceptar en esta luz cualquier sufrimiento que pueda afligirme.*

Aún no se ha manifestado lo que hemos de ser. Sabemos que, cuando se manifieste, seremos semejantes a El. —1 Jn 3:2

Sept. 6

MEDITACION. Amar es ser transformados en lo que amamos.

Amar a Dios es por tanto ser transformados en Dios. *— San Juan de la Cruz*

ORACION. *Padre Celestial, concédeme Tu gracia para amarte y ser cada día más como Tú. Permíteme que al final de mi vida esté completamente conformado a Ti y verte como Tú eres.*

Vengan conmigo, por ustedes mismos, a un lugar apartado y descansen un rato. —Mc 6:31

Sept. 7

MEDITACION. Todo aquel que mira en aguas turbias y agitadas no puede contemplar su propia imagen.

Si desea que el rostro de Cristo aparezca en su propia imagen, deténgase, reúna sus pensamientos en silencio y cierre la puerta del alma al ruido de las cosas exteriores.

— San Antonio de Padua

ORACION. *Señor Jesús, enséñame a detenerme durante mi vida activa y recogerme en mí mismo. Permíteme poner de lado los problemas de la vida y comunicarme contigo en la oración y la meditacion.*

Sept. 8 ***No la abandones, y te guardará; ámala, y ella te custodiará.*** **—Pr 4:6**

MEDITACION. Llégate a María y canta sus alabanzas, y tú te iluminarás.

Porque es por ella que la Luz verdadera brilla en el mar de la vida. — *San Ildefonso*

ORACION. *Señor Jesús, ayúdame a recurrir frecuentemente a Tu santa Madre María. Concédeme que ella pueda obtener de Ti todas las gracias que necesito para servirte en este mundo y darte gloria eterna en el próximo.*

Sept. 9 ***No busco hacer Mi propia voluntad, sino la Voluntad de Aquel Que Me ha enviado.*** **—Jn 5:30**

MEDITACION. ¿Qué bien te hace dar a Dios una cosa cuando El te pide algo diferente?

Descubre lo que Dios quiere que tú hagas y hazlo. Tu corazón se sentirá más feliz que si tu propio deseo hubiera sido concedido.

— *San Juan de la Cruz*

ORACION. *Padre Celestial, permíteme esforzarme—por la oración constante y meditación cuidadosa—para conocer cuál es Tu Voluntad para mí. Después ayúdame a ofrecerte lo que deseas antes bien que lo que yo quiero.*

Sept. 10

Tú eres misericordioso con todos . . . y pasas por alto los pecados de los hombres para que así puedan arrepentirse.
—Sab 11:23

MEDITACION. Nuestro Señor inclinó Su cabeza al momento de morir, para así poder dar el beso de la paz a aquellos que El amaba.

Y nosotros besamos a Dios cada vez que nuestro corazón se llena de arrepentimiento y amor. *—San Agustín*

ORACION. *Señor Jesús, con Tu Muerte y Resurrección Tú quitaste los pecados del mundo. Concédeme un arrepentimiento verdadero por todos mis pecados y una firme resolución de jamás volverlos a cometer.*

Sept. 11

Todo aquel que come Mi Carne y bebe Mi Sangre está en Mí y Yo en él. **—Jn 6:55**

MEDITACION. Si fuéramos a recibir el Sacratísimo Sacramento con gran fe y ardiente amor, sólo sería necesario recibirlo una vez para hacernos espiritualmente ricos.

De la misma manera, ¡qué incalculable efecto espiritual tendría en nosotros un gran número de esas devotas Comuniones!

—Santa Teresa de Avila

ORACION. *Señor Jesús, ayúdame a recibirte en la Comunión cada vez con mayor fe y amor. Permíteme esforzarme por obtener los mayores beneficios espirituales posibles cada vez que reciba este Sacratísimo Sacramento.*

Sept. 12

Comparte tu pan con el hambriento y trae a tu hogar al pobre que no tiene un techo.
— Is 58:7

MEDITACION. Prívese a sí mismo de parte de sus alimentos y ofrézcalo de todo corazón al pobre. Dios se lo devolverá no sólo en la próxima vida pero aún en la vida actual.

Ame al pobre y esté feliz de tenerlo como amigo. *— San Francisco de Sales*

ORACION. *Padre Celestial, ayúdame a dar alguna parte de lo que pueda poseer a aquellos que tienen menos que yo. Ayúdame a esforzarme en ayudar como pueda a aquellos menos afortunados que yo.*

Sept. 13

Es Cristo Quien es la Cabeza del Cuerpo, la Iglesia. **— Col 1:18**

MEDITACION. No se aparte a sí mismo de la Iglesia. Ninguna otra institución tiene el poder de la Iglesia.

La Iglesia es su esperanza. La Iglesia es su salvación. La Iglesia es su refugio.

— San Juan Crisóstomo

ORACION. *Señor Jesús, concédeme la gracia de unirme a la Iglesia durante toda mi vida. Permíteme encontrarte en sus Sacramentos en la tierra y así poseer la vida eterna contigo en el cielo.*

Todo aquel que no toma su cruz y Me sigue no es digno de Mí. **—Mt 10:38**

Sept. 14

MEDITACION. La cruz es el mayor don que Dios puede conceder a Sus Elegidos en la tierra. No existe nada tan necesario, tan beneficioso, tan dulce o tan glorioso como sufrir por causa de Jesús.

Si sufres como debes, la cruz será un yugo precioso que Jesús llevará con ti.

— *San Luis Grignion de Montfort*

ORACION. *Señor Jesús, haz que comprenda que sin una cruz en la tierra no habrá corona en el cielo. Ayúdame a llevar mi cruz diariamente por Ti al igual que Tú cargaste Tu Cruz por mí y por todos los hombres.*

De pie junto a la Cruz de Jesús estaba Su Madre. **—Jn 19:25**

Sept. 15

MEDITACION. Durante toda su vida, la Santísima Virgen María, Madre de Dios, jamás se desvió en lo más mínimo de los preceptos y ejemplos de su Divino Hijo.

Esto fue cierto tanto en las dulces alegrías que tuvo María como en los crueles sufrimientos que padeció, los cuales la hicieron Reina de los Mártires. — *Papa Pío XII*

ORACION. *Señor Jesús, permite que en todos mis sufrimientos imite fielmente a Tu santa Madre. Y por su intercesión concédeme Tu consuelo aquí en la tierra y júbilo eterno en el cielo.*

Sept. 16 ***Hágase Tu Voluntad como en el cielo, así también en la tierra.*** **—Mt 6:10**

MEDITACION. Debemos cumplir la Voluntad de Dios más bien que la nuestra. Ello es lo que prometemos en el "Padre Nuestro" que decimos cada día.

¡Qué farsa sería si después de orar que se haga la Voluntad de Dios cumpliéramos esa Voluntad sólo a medias y sólo porque estamos obligados ello! *—San Cipriano de Cartago*

ORACION. *Padre Celestial, permíteme contener mis propios deseos y esforzarme en descubrir Tu Voluntad para mí. Ayúdame a cumplir de corazón esa Voluntad en todas las cosas, porque Tu tienes mis mejores intereses en Tu corazón.*

Sept. 17 ***Hagan todo esfuerzo para asegurar la salvación.*** **—Fil 2:12**

MEDITACION. Ustedes fueron creados para gloria de Dios y la propia salvación eterna. . . . Esta es vuestra meta; es el centro de sus vidas; éste es el centro de vuestros corazones.

Si obtienen esa meta, encontrarán la felicidad. Si fracasan en obtenerla, encontrarán la miseria. *—San Roberto Belarmino*

ORACION. *Padre Celestial, enséñame a hacerlo todo en Tu honor y gloria. Concédeme la gracia de obtener mi salvación con ansiosa preocupación cada día de mi vida.*

¡Qué lentos son en creer todo los que los Profetas han dicho! ¿No era necesario que el Mesías sufriera estas cosas y entrará en Su gloria?

—Lc 24:25-26

Sept. 18

MEDITACION. El amor y la obediencia de Cristo lo rebajaron a la muerte en la Cruz.

Por lo tanto, Cristo fue elevado por Dios a la gloria de la Resurrección.

— Santo Tomás de Aquino

ORACION. *Señor de gloria, marca indeleblemente en mi mente que sin la cruz no hay corona. Ayúdame a prepararme una corona eterna de gloria con las pequeñas cruces que se me presentan cada día.*

Aléjense de sus malos caminos y de sus malas obras. **—Zac 1:4**

Sept. 19

MEDITACION. Defendámonos con fuerte energía contra las atracciones de los malos hábitos.

Haciendo esto a menudo podemos hacer que esos malos hábitos se conviertan en obras de virtud. *— San Gregorio Magno*

ORACION. *Dios Todopoderoso, permíteme recordar siempre que Tú puedes sacar el bien desde la maldad. Ayúdame a luchar contra mis tendencias malignas y convertirlas en ocasiones para reforzar mis virtudes.*

Sept. 20 ***Miren el arco iris y alaben su Creador; ¡qué hermoso es su esplendor!*** **—Eclo 43:11**

MEDITACION. Cada vez que nuestros ojos se regalan en una escena espectacular—por ejemplo un gran paisaje, una hermosa puesta de sol, o un bellísimo cielo tachonado de estrellas—debemos comprender que estos son un pálido reflejo de la Belleza Divina.

Bendigamos entonces a Dios como única fuente de todo lo bueno. —*Santa Teresa de Avila*

ORACION. *Todopoderoso Creador, enséñame a apreciar las cosas maravillosas que Tu has creado. Concédeme la gracia de verte en cada una de ellas y darte las alabanzas y gloria que Tú Te mereces.*

Sept. 21 ***La palabra del Señor durará para siempre. La palabra es el Evangelio que les ha sido predicado.*** **—1 Pe 1:25**

MEDITACION. Todas las cosas que Cristo deseó que leyéramos acerca de Sus actos y palabras, El hizo que los Evangelistas las escribieran como si hubieran sido escritas por Sus propias manos.

Así quienes leen los Evangelios recibirán lo que les dicen como si vieran al Señor Mismo escribiéndolos. —*San Agustín*

ORACION. *Señor Jesús, ayúdame a ver el Evangelio como Tu palabra para mí en el día de hoy. Concédeme la gracia de meditar diariamente sobre ello y vivir mi vida de acuerdo con sus enseñanzas.*

Por Cristo todo el cuerpo, trabado y unido por todos los ligamentos que lo unen y nutren según la operación de cada miembro, va obrando mesuradamente su crecimiento en orden a su conformación en amor. **—Ef 4:16**

Sept. 22

MEDITACION. La fuente y origen de todo el apostolado de la Iglesia es Cristo, el enviado por el Padre.

De aquí, es evidente que los frutos del apostolado laico dependen de la unión vital con Cristo. *— Vaticano II: Los Laicos, no. 4*

ORACION. Señor Jesús, ayúdame a ser un miembro contribuyente de Tu Cuerpo Místico. Permite que todo lo que yo haga sea hecho en unión contigo y sirva para edificar Tu Cuerpo.

En eso está el amor . . . en que Dios nos amó y envió a Su Hijo, como propiciación por nuestros pecados. **—1 Jn 4:10**

Sept. 23

MEDITACION. El amor de Dios por nosotros es inigualable. Sobrepasa infinitamente el amor que la naturaleza ha impreso en los corazones de los padres.

Podemos estar seguros que todo lo que envía un Padre así es para nuestro bien.

— San Alfonso Rodriguez

ORACION. *Padre Amante, permíteme creer firmemente en Tu amor por mí a pesar de todas las pruebas que se me puedan presentar. Ayúdame a apegarme a la idea de que Tu sólo deseas lo mejor para mi bienestar eterno.*

Sept. 24 ***Gane la amistad de tu vecino mientras él es pobre.*** **—Eclo 22:23**

MEDITACION. Toda virtud puede atraernos la amistad de otros. Porque cada virtud es un bien, y todo lo que es un bien es amable ante los demás y hace amable a todos los que lo poseen.

La amistad florece, crece y se refuerza en la medida que la virtud se desarrolla.

— Santo Tomás de Aquino

ORACION. *Señor Jesús, y verdadero Amigo nuestro, ayúdame a cultivar las virtudes y así hacer amigos. A su vez, permite que mis amigos también busquen las virtudes—haciendo que nuestra amistad sea más íntima y nos lleve a Tu Amistad eterna en el cielo.*

Sept. 25 ***Que habite Cristo por la fe en sus corazones.*** **—Ef 3:17**

MEDITACION. Lleven a Cristo en sus corazones, pensamientos y voluntad.

Llévenlo en sus pensamientos por Sus enseñanzas. Llévenlo en sus voluntades por el cumplimiento de Su Ley. Llévenlo en sus corazones por la Sagrada Eucaristía. *— Papa Pío XII*

ORACION. *Padre Celestial, permíteme ser un verdadero portador de Cristo, Tu Hijo, haciendo siempre las cosas que Le agradan. Ayúdame a dar testimonio de El en el mundo para la salvación de las almas.*

El amor hacia Cristo nos mueve. **—2 Co 5:14**

Sept. 26

MEDITACION. La Sagrada Eucaristía no sólo nos da los hábitos de la gracia y la virtud.

También nos impulsa a actuar, de acuerdo con las palabras del Apóstol San Pablo, "El amor a Cristo nos mueve."

—Santo Tomás de Aquino

ORACION. *Señor Jesús, con cada Comunión que recibo permite que me dirija más hacia la acción Cristiana. Ayúdame a cooperar con Tu gracia y practicar todas las virtudes.*

Cuando un profundo silencio lo envolvía todo . . . Tu Palabra omnipotente, desde Tu trono real en el cielo, se lanzó en medio de la tierra.

—Sab 18:14

Sept. 27

MEDITACION. El silencio existe para que podamos hablar con Dios.

Y es en el silencio que Dios nos comunica Sus gracias. *—San Vicente de Paúl*

ORACION. *Padre Celestial, enséñame a apreciar el valor del silencio en mi vida. Permíteme apartar cada día unos momentos de silencio para pensar en Ti y hablar contigo.*

Sept. 28 ***Habrá más regocijo en el cielo por un solo pecador que se arrepiente que por noventa y nueve justos que no necesitan arrepentirse.*** **—Lc 15:7**

MEDITACION. Nada hace más feliz a Dios que la enmienda de su vida que hace una persona, la conversión y la salvación.

Por ello es que El envió a Su Hijo Unigénito a esta tierra. — *San Gregorio Nacianceno*

ORACION. *Santo Dios, ayúdame a enmendar constantemente mi vida y convertirme sinceramente a Ti. Permíteme buscar Tus intereses más bien que los míos y estar siempre más unido a Ti.*

Sept. 29 ***El ángel Gabriel fue enviado por Dios a un pueblo de Galilea llamado Nazaret, a una Virgen.*** **—Lc 1:26-27**

MEDITACION. Los ángeles toman diferentes formas terrenales según les ordena su señor, Dios.

Así se revelan a sí mismos a los seres humanos y les revelan los Misterios Divinos. — *San Juan Damasceno*

ORACION. *Dios de toda Sabiduría, Tú dirigiste el ministerio de los ángeles y de todos los seres humanos. Concede que los ángeles que siempre Te sirven en el cielo puedan defendernos durante nuestra vida en la tierra.*

Aún no han resistido hasta la muerte en su lucha contra el pecado. **—He 12:4**

SEPT. 30

MEDITACION. El martirio no consiste solamente en morir por nuestra fe.

El martirio también consiste en servir a Dios con amor y pureza de corazón cada día de nuestra vida. — *San Jerónimo*

ORACION. *Querido Señor, permíteme ofrecerte todas mis luchas diarias contra el pecado y el mal. Concédeme fuerzas para resistir aún derramando mi sangre si se me requiriera.*

Todo aquel que se exalta a sí mismo será humillado, y el que se humilla a sí mismo será exaltado. **—Lc 14:11**

Oct. 1

MEDITACION. La gloria verdadera y única es la gloria que durará para siempre.

Para poder alcanzarla, no tenemos que realizar hazañas espectaculares. Sólo necesitamos ocultarnos a los ojos de los demás y aún de nosotros mismos.

— *Santa Teresa del Niño Jesús*

ORACION. *Dios de toda gloria, inculca en mí el valor de la humildad como un medio de obtener la verdadera gloria. Ayúdame a humillarme en mis propios ojos como también a los ojos de los demás.*

Oct. 2 ***Te encomendará a Sus ángeles, para que te guarden en todos tus caminos.***

—Sal 91:11

MEDITACION. Los ángeles son los pastores de nuestras almas. No contentos con llevar nuestros mensajes a Dios, también nos traen los mensajes que Dios nos manda.

Ellos alimentan nuestras almas con sus agradables inspiraciones y con sus comunicaciones Divinas. *— San Juan de la Cruz*

ORACION. *Señor de los Ejércitos celestiales, permite que Tus ángeles siempre me cuiden durante toda mi vida. Concédeme que también ellos puedan llevar mis oraciones ante Ti y conferir Tu gracia sobre mí.*

Oct. 3 ***Si nosotros nos amamos mutuamente, Dios permanece en nosotros y Su amor se perfecciona en nosotros.*** **—1 Jn 4:12**

MEDITACION. El amor que sentimos hacia las criaturas debe ser espiritual y basado solamente en Dios. Entonces el amor de Dios aumentará en nuestras almas hasta el mismo punto en que crece nuestro amor.

Mientras nuestros corazones más se acuerden de nuestros prójimos, más recordarán a Dios. Estos dos amores crecen el uno junto al otro. *— San Juan de la Cruz*

ORACION. *Padre Celestial, aumenta mi amor por Ti cada día. Al mismo tiempo, deja que este amor se derrame en amor para todos los otros hombres en el mundo, que han sido creados y bendecidos por Ti.*

Sirvan al Señor con alegría. Lleguen delante de El con un canto de júbilo. **—Sal 100:2**

Oct. 4

MEDITACION. ¿Desea saber una de las mejores maneras de ganarse la gente y llevarlos a Dios?

Ello consiste en traerles júbilo y hacerlos felices. *— San Francisco de Asís*

ORACION. *Señor Jesús, concédeme Tu gracia para servirte con alegría. Luego permíteme conducir a otros hasta Ti a través de la alegría y júbilo que yo les doy.*

La persona que es paciente es mejor que un héroe; y aquel que controla su genio es mejor que el que captura una ciudad. **—Pr 16:32**

Oct. 5

MEDITACION. Los seres humanos deben tener paciencia los unos con los otros.

Y las buenas personas son aquellas que soportan los defectos de los demás de la mejor manera. *— San Francisco de Sales*

ORACION. *Dios de la paciencia, ayúdame a tener paciencia con los demás y conmigo mismo en todas las circunstancias. Permíteme imitar Tus grandes sufrimientos en todo aquello que pueda acontecerme cada día.*

Oct. 6 ***No te complaces Tú en el sacrificio y la ofrenda; me has dado oído abierto a la obediencia.*** **—Sal 40:7**

MEDITACION. Por tus obras tú muestras lo que amas y lo que sabes.

Cuando observas una verdadera obediencia con prudencia y entusiasmo, está claro que escoges los frutos más agradables y nutritivos de la Divina Escritura. *— San Bruno*

ORACION. *Padre Celestial, permíteme comprender que Tú guías nuestras vidas con autoridad legítima en cada área. Ayúdame a obedecer las reglas para mi condición de vida y así ser obediente a Tu Voluntad hacia mí.*

Oct. 7 ***Escuchenme, hijos míos, y florecerán como rosales plantados junto a un arroyo.*** **—Eclo 39:13**

MEDITACION. Para descubrir si algunas personas son de Dios, yo he hallado la mejor forma de todas:

Observar si ellos dicen el Ave María y el Rosario.

— San Luis Grignion de Montfort

ORACION. *Señor Jesús, permíteme comprender que el Rosario no es más que una meditacion sobre Tus Santos Misterios en compañía de Tu Madre. Ayúdame a decir mi Rosario cada día, si es posible.*

Que el mismo Señor Jesucristo . . . consuele sus corazones y los confirme en toda obra y palabra buena.

—2 Ts 2:16-17

Oct. 8

MEDITACION. Jesús sabe cómo confortarnos. Así cuando estén desolados, dejan las criaturas detrás.

Lléguense al altar y encontrarán siempre fuerza y consuelo. *— San Pedro Eymard*

ORACION. *Señor Jesús, permíteme acudir frecuentemente hasta Ti en el Sacratísimo Sacramento. ¡Oh, Sacratísimo Sacramento! ¡Oh, Sacramento Divino! ¡Toda alabanza y gracias Te sean dadas en todo momento!*

Si tu hermano pecare en contra tuya, ve y repréndele a solas. **—Mt 18:15**

Oct. 9

MEDITACION. Aquellos que desean trabajar en la reforma moral en el mundo deben buscar la gloria de Dios ante todo.

Ellos deben esperar por la ayuda de Dios en este empeño difícil y necesario, pues El es la fuente de todo bien. *—San Juan Leonardi*

ORACION. *Dios Todopoderoso, ayúdame a trabajar por la reforma moral en el mundo en todo lo que hago. Pero déjame confiar en Tu gracia de modo que yo pueda hacer una reforma que es cierta más bien que una que es puramente mía.*

Oct. 10

El amor es más fuerte que la muerte; y la devoción tan implacable como la tumba.

—Cnt 8:6

MEDITACION. El amor puede ocupar el lugar de una corta vida.

Dios no contempla el tiempo, porque El es eterno. El sólo mira el amor.

— Santa Teresa del Niño Jesús

ORACION. *Padre de todo amor, permíteme tener el verdadero amor que Tú deseaste para mí. Concédeme que debido al gran amor que Te tengo yo pueda llegar a la eternidad contigo.*

Oct. 11

Escuché la voz del Señor que decía: "¿A quién enviaré. . . ?" Y yo contesté: "Aquí estoy, Señor. ¡Envíame!" **—Is 6:8**

MEDITACION. Usted pregunta qué puede ofrecer a Dios. ¡Ofrézcase usted mismo!

¿Qué espera Dios de usted—excepto usted mismo?

— San Agustín

ORACION. *Señor ayúdame a percibir a través de la oración y la meditación lo que Tú deseas verdaderamente de mí. Luego permíteme ofrecerlo a Ti—y en verdad ofrecerme a mí mismo y todo cuanto tengo.*

¡Cuán profundas son las riquezas y la sabiduría y el conocimiento de Dios!

—Ro 11:33

Oct. 12

MEDITACION. Cantemos con amor verdadero a la Eterna Providencia del Padre—Quien todo lo sabe, todo lo puede y es todo amor.

¡Oh, la profundidad de las riquezas y la sabiduría y el conocimiento de Dios!

— San Francisco de Sales

ORACION. *Padre Prudente, enséñame a confiar de todo corazón en Tu amante cuidado. Ayúdame a ver que todo lo que ocurre es por mi último bien, no importa cómo puede aparecer.*

Cuando soy débil, es entonces que soy fuerte. **—2 Co 12:10**

Oct. 13

MEDITACION. Nunca confíen solamente en ustedes mismos, diciendo: “Yo soy fuerte y no temo que algo ni nadie me haga caer.”

¡Por amor de Dios, aléjense de esa forma de pensar tan errónea! *— Santa Catalina de Siena*

ORACION. *Señor Jesús, aléjame del orgullo y la vanidad de toda clase. Haz que desconfíe de mí mismo en todas las cosas y ponga toda mi confianza en Ti—sin vacilación ni reserva.*

Oct. 14 ***Es Dios Quien en Su buena Voluntad obra en sus corazones, inspirándoles la voluntad y sus actos.*** **—Fil 2:13**

MEDITACION. Pidamos la ayuda de Dios antes de hacer nada.

Si actuamos de esta manera, haremos maravillas, porque sería Dios actuando en nosotros. *— San Pedro Eymard*

ORACION. *Padre Celestial, permite que pida Tu ayuda antes de emprender cualquier cosa en mi vida. Concede que pueda estar tan unido a Ti que Tu gracia siempre produzca buenos frutos.*

Oct. 15 ***En eso conoceremos que somos de la verdad y aquietaremos nuestro corazón ante El, cuando nuestro corazón nos condena. Porque Dios es más grande de nuestro corazón y El los sabe todo.*** **—1 Jn 3:20**

MEDITACION. No dejen que nada les perturbe, nada les atemorice. Todo pasa, pero Dios nunca cambia. La paciencia lo obtiene todo.

Aquellos que poseen a Dios no carecen de nada. Dios solo es suficiente.

— Santa Teresa de Avila

ORACION. *Padre Celestial, permíteme quedar en calma en medio de todas las dificultades de la vida. Ayúdame a mantener mi unión contigo, que es lo único necesario en este mundo.*

No todo el que dice: "¡Señor, Señor!", entrará en el Reino de los Cielos, sino el que hace la Voluntad de Mi Padre.

—Mt 7:21

Oct. 16

MEDITACION. La virtud no consiste en hacer decisiones magníficas.

Consiste en llevar a cabo esas decisiones y producir buenos frutos.

— Santa Margarita María Alacoque

ORACION. *Señor Jesús, ayúdame a poner en práctica todas mis decisiones. Concédeme que yo pueda producir buenos frutos de mi unión con Dios.*

Todo lo que han aprendido, recibido o escuchado de mí— pónganlo en práctica.

—Fil 4:9

Oct. 17

MEDITACION. Es mejor no decir nada y ser un Cristiano que hablar mucho y no serlo.

Es bueno enseñar, si practicamos lo que predicamos. *— San Ignacio de Antioquía*

ORACION. *Padre Celestial, concédeme que yo pueda creer lo que he aprendido y practicar lo que creo. Ayúdame a llevar una vida verdaderamente Cristiana además de hablar acerca de ella.*

Oct. 18 ***Temiendo, me fui y escondí tu talento en la tierra. . . . Su amo le contestó: "!Siervo malo y haragán!"***

—Mt 25:25-26

MEDITACION. Dios nos ha dado a cada uno de nosotros los talentos para sembrar Sus palabras y recoger el fruto de las almas.

Por tanto, pongamos a trabajar esos talentos y no los enterremos en la tierra.

— Santa Catalina de Siena

ORACION. *Señor Jesús, concédeme la gracia de usar los talentos que Tú me has dado. Déjame ponerlos a trabajar para la salvación de las almas y para Tu eterna gloria.*

Oct. 19 ***No caigan en la pereza, sino que aprendan a seguir el ejemplo de aquellos que por su fe y paciencia son poseedores de lo que les ha sido prometido.***

—He 6:12

MEDITACION. Si estamos unidos interiormente con el Hijo del Dios vivo, también mantendremos Su semejanza exteriormente por nuestra práctica continua de la bondad heroica.

Ello lo hacemos especialmente con una paciencia reforzada por el valor que no se queja ni secreta ni públicamente.

— San Juan de Brébeuf

ORACION. *Dios de la paciencia, ayúdame a practicar la paciencia haciendo el bien. No importa qué pueda ocurrir, permite que enfrente cada día con un valor callado y sin quejas.*

¿Qué es lo que usted posee que no haya recibido? Y si lo recibió, ¿por qué presume como si no lo hubiera recibido?
—1 Co 4:7

Oct. 20

MEDITACION. La razón por la que Dios es tan gran amante de la humildad es que El es un gran amante de la verdad.

La humildad es de hecho verdad, mientras que el orgullo no es más que mentiras.

— San Vicente de Paúl

ORACION. *Dios de la verdad, ayúdame a comprender que todo lo que poseo viene de Ti. Permíteme mostrarte mi agradecimiento usándolo siempre de acuerdo con Tu santa Voluntad.*

En Cristo Jesús ni la circuncisión ni la ausencia de la misma tiene ningún valor; lo único que importa es la fe actuando a través del amor.
—Gá 5:6

Oct. 21

MEDITACION. Creer en Dios—para los Cristianos—no significa sencillamente creer que Dios existe, ni simplemente creer que El es verdadero.

Quiere decir creer amando, creer abandonándose a sí mismo a Dios, uniéndose y conformándose uno mismo con El.

— San Antonio de Padua

ORACION. *Padre Celestial, concédeme una fe que activa, una fe que mueva montañas. Permíteme mostrar esa fe con obras animadas y conformándome a mí mismo a Tu Voluntad.*

Oct. 22 ***La Iglesia del Dios vivo es la columna y el fundamento de la fe.*** **—1 Ti 3:15**

MEDITACION. La Iglesia tiene las siguientes cualidades características:

Vence al ser atacada. Es comprendida al ser disputada. Y crece aún más al ser abandonada. *— San Hilario de Poitiers*

ORACION. *Padre Celestial, permite que siempre me aferre a Tu Iglesia porque ella es mi mejor contacto contigo. Concédeme que nunca me aparte de esta columna de la verdad—la prolongación de Tu Hijo Jesús en el mundo.*

Oct. 23 ***Ustedes son la sal de la tierra, Pero ¿si la sal pierde su sabor, con qué se salará?*** **—Mt 5:13**

MEDITACION. Quiten de sus vidas la suciedad e inmundicia del vicio.

Sus vidas rectas harán de ustedes la sal de la tierra para ustedes mismos y para el resto de la humanidad. *— San Juan de Capistrano*

ORACION. *Padre Celestial, permíteme tanto practicar como predicar Tu Mensaje a cuantos conozco. Concédeme que—de acuerdo con el mandamiento de Tu Hijo—yo pueda ser la sal de la tierra.*

He sentido vivo celo por el Señor, el Dios de los Ejércitos.
—1 Re 19:14

Oct. 24

MEDITACION. Las personas verdaderamente celosas son también aquellas que aman, pero éstas están colocadas en un plano más alto de amor.

Mientras más inflamadas están por el amor, con mayor urgencia las impulsa el celo. *— San Antonio Claret*

ORACION. *Señor Dios de los Ejércitos, concédeme un santo celo por Ti basado en un amor que es cierto. Permite que todo lo que haga contribuya a Tu mayor gloria y traiga a otros a Ti.*

Todo lo que hay en el mundo—concupiscencia de la carne, concupiscencia de los ojos y orgullo de la vida—no viene del Padre. **—1 Jn 2:16**

Oct. 25

MEDITACION. ¿Qué significa renunciar a todo lo que tenemos y a todo lo que deseamos?

Quiere decir que renunciamos al mundo y a todo lo que contiene. *— San Agustín*

ORACION. *Dios trino y uno, ayúdame a renunciar al mundo que se opone a Ti. Permíteme estar dispuesto a renunciar a todo lo que poseo y a todo lo que deseo—para así poseerte para siempre.*

Oct. 26 ***Oídme, pues, hijos míos . . . escuchen la instrucción y sean sabios.*** **—Pr 8:32-33**

MEDITACION. Nunca permita que María se aleje de sus labios y de su corazón.

Siguiéndola, nunca se extraviarán de camino. Orándola nunca se hundirán en la desesperación. Contemplándola, nunca errarán. — *San Bernardino de Siena*

ORACION. *Señor Jesús, ayúdame a acudir continuamente a Tu santa Madre. Permite que ella pueda cuidarme al igual que Te cuidó con tanto amor durante Tu niñez en Nazaret.*

Oct. 27 ***El amor de Dios se ha derramado en nuestros corazones a través del Espíritu Santo Que nos ha sido dado.*** **—Ro 5:5**

MEDITACION. Un solo y único amor abraza tanto a Dios y al prójimo.

Este amor es el Espíritu Santo, Quien es el Amor Divino. — *San Antonio de Padua*

ORACION. *Ven, Espíritu Santo. Llena el corazón de Tu fiel y enciende en mí el fuego de Tu amor. Huésped Divino de mi alma, habita en mí y concédeme que yo pueda habitar en Ti.*

La boca del justo habla con sabiduría y su lengua dice lo que es justo.

—Sal 37:30

Oct. 28

MEDITACION. Las personas veraces no guardan silencio cuando es el momento de hablar.

Ellas guardan silencio sólo cuando es el momento de estar silenciosas. ¡Pero entonces su silencio es como un grito!

— *Santa Catalina de Siena*

ORACION. *Dios de la verdad, concédeme la sabiduría y el valor de decir la verdad sin temor a los demás. Déjame permanecer en silencio sólo cuando es Tu Voluntad que así lo haga.*

Miren cómo crecen los lirios del campo y cómo florecen. Ellos no trabajan ni tejen.

—Mt 6:28

Oct. 29

MEDITACION. Al decirnos que aprendamos una lección de los lirios del campo que no siembran, Jesús no nos exhorta a evitar el trabajo.

El nos prohibe simplemente que estemos demasiado ansiosos por las cosas materiales.

— *San Juan Crisóstomo*

ORACION. *Señor Jesús, ayúdame a tener la actitud correcta hacia el trabajo. Permíteme que lo haga parte integral de mi vida Cristiana ofreciéndolo a Tu servicio y al servicio de mi prójimo.*

Oct. 30 ***Ustedes son luz en el Señor. . . . El fruto de la luz es toda clase de bondad.*** **—Ef 5:8-9**

MEDITACION. La bondad tiene la misma relación con el corazón del hombre que el imán tiene con el hierro.

La bondad tiene el poder de atraer el corazón. *—Santo Tomás de Aquino*

ORACION. *Dios de luz, permite que mi corazón se sienta atraído siempre a la bondad y no al mal. Ayúdame a vivir como un hijo de la luz, dedicado a Ti cada día de mi vida.*

Oct. 31 ***Les exhorto a abstenerse de los deseos pecaminosos que combaten contra el alma.*** **—1 Pe 2:11**

MEDITACION. La virtud de la castidad no significa que somos insensibles al deseo de la concupiscencia.

Quiere decir que la subordinamos a la razón y a la ley de la gracia, esforzándonos de todo corazón en consecución de lo que es más noble en la vida humana y Cristiana.

— Papa Pío XII

ORACION. *Padre Celestial, permíteme subordinar los deseos de la carne a la razón y la gracia. Concédeme que pueda llevar una vida Cristiana noble y pura.*

Ustedes son conciudadanos del pueblo de los Santos y miembros de la casa de Dios.

—Ef 2:19

Nov. 1

MEDITACION. Un rayo de luz nos deja ver el polvo que flota en el aire. De la misma manera, las vidas de los Santos nos muestran nuestros propios defectos.

Si fracasamos en ver nuestras faltas, es porque no hemos contemplado las vidas de los hombres y mujeres Santos.

— San Antonio de Padua

ORACION. *Padre Celestial, ayúdame a amar y respetar Tus Santos. Concédeme lograr ver un ejemplo en la forma en que vivieron, ser sus compañeros en la comunión, y ser ayudados por sus intercesiones.*

Las almas de los justos están en las manos de Dios.

—Sab 3:1

Nov. 2

MEDITACION. ¡Qué gran poder tienen las santas almas en el purgatorio sobre el corazón de Dios!

Si nos damos cuenta de este hecho y nos apartamos de todas las gracias que podemos ganar a través de su intercesión, estas almas no estarían tan olvidadas.

— San Juan María Vianney

ORACION. *Dios, nuestro Creador y Redentor, concede a las almas en el purgatorio el perdón de sus pecados. Y que sus oraciones también me beneficien a mí y a mis seres queridos.*

Nov. 3 ***Busquen las cosas de lo alto, donde está Cristo sentado a la diestra de Dios.***

—Col 3:1

MEDITACION. No todos nosotros comprendemos los valores espirituales tan bien como deberíamos, ni tampoco les concedemos el lugar apropiado en nuestras vidas.

Muchos de nosotros, atraídos fuertemente por el pecado, vemos esos valores como si no tuvieran importancia o los ignoramos del todo. *— San Juan XXIII*

ORACION. *Señor Jesús, ayúdame a apreciar los valores espirituales y concederles el primer lugar en mi corazón. Concédeme poder siempre buscarlos primero y permanecer unido a Ti por toda la eternidad.*

Nov. 4 ***Mi corazón Te habla; mi rostro Te busca: Tu faz, Oh Señor, yo busco.***

—Sal 27:8

MEDITACION. Si una pequeña chispa del amor de Dios arde ya en ustedes, no la expongan al viento, porque se puede apagar.

En otras palabras, eviten las distracciones en todo lo que puedan. Permanezcan tranquilos con Dios. No pierdan el tiempo en conversaciones fútiles. *— San Carlos Borromeo*

ORACION. *Dios Todopoderoso, ayúdame a buscarte y a hablar contigo con frecuencia. Permíteme esforzarme para evitar las distracciones exteriores y concentrarme en Tu mensaje y Tu Voluntad hacia mí.*

Den al César lo que es del César y a Dios lo que es de Dios. —Mt 22:21

Nov. 5

MEDITACION. No hay mejores ciudadanos—bien sea en la paz o en la guerra—que los Cristianos conscientes de sus deberes.

Estas personas deben estar dispuestas a sufrirlo todo—aún la muerte—antes que abandonar la causa de Dios o de la Iglesia.

— *Papa León XIII*

ORACION. *Padre Celestial, concédeme tener amor a mi país y el deseo de ayudarlo como buen ciudadano. Al mismo tiempo permíteme seguir siendo un miembro fiel de Tu Iglesia y trabajar en su beneficio.*

Reconozco mis transgresiones, y mi pecado está siempre delante de mí. —Sal 51:5

Nov. 6

MEDITACION. En su oración diaria confiese sus pecados a Dios con lágrimas y suspiros.

Y hágase el propósito de enmendar esos pecados en un futuro. — *San Benito*

ORACION. *Dios de misericordia, enséñame a hacer un examen diario de mi conciencia con la firme decisión de enmendarme. Ayúdame a evitar todos los pecados en el futuro —y especialmente mis mayores faltas.*

Nov. 7 ***Defiéndanse ustedes mismos contra todo el que les pida cuenta por la esperanza que existe en ustedes . . . y mantengan limpia la conciencia.***
—1 Pe 3:15-16

MEDITACION. La conciencia y la reputación son dos cosas distintas.

Su conciencia depende de usted, mientras que su reputación depende de la opinión que tiene su prójimo de usted. *—San Agustín*

ORACION. *Dios Omnisciente, ayúdame a mantener mi conciencia limpia ante Tus ojos. Concédeme que nunca ceda al respeto humano—sino que siempre me esfuerce por hacer lo que es correcto.*

Nov. 8 ***¿Por qué criticas la paja en el ojo de tu hermano y no te das cuenta de la viga en tu propio ojo?*** **—Mt 7:3**

MEDITACION. Nos es muy fácil encontrar faltas en los demás.

Pero nos es muy difícil aislar y corregir nuestras propias faltas. *—San Francisco de Sales*

ORACION. *Señor Jesús, ayúdame a evitar a encontrar faltas en los demás. En vez de ello, permíteme esforzarme en descubrir mis propias faltas y tratar de corregirlas tan pronto como pueda.*

El templo de Dios es santo, y ustedes son este templo.
—1 Co 3:17

Nov. 9

MEDITACION. Cuando Cristo vino El desterró el mal de nuestros corazones, para así convertirlos en un templo para Sí Mismo.

Hagamos entonces lo que podamos con Su ayuda, de manera que nuestras malas acciones no desfiguren ese templo.

— San Cesáreo de Arles

ORACION. *Señor Jesús, ayúdame a ser un verdadero templo de Dios: Padre, Hijo y Espíritu Santo. Concédeme la gracia de conservar santo ese templo y agradarte todos los días de mi vida.*

"Amarás al Señor tu Dios. . . ." Este es el mayor y el primero de los mandamientos. El segundo es semejante a éste: "Amarás a tu prójimo como a ti mismo."
—Mt 22:37-38

Nov. 10

MEDITACION. Si amamos a nuestro prójimo, automáticamente también amaremos a Dios.

Porque es en la unidad de este amor doble que Dios ha basado la plenitud de la Ley y los Profetas.

— San León Magno

ORACION. *Padre Amante, ayúdame a comprender que el amor es la fuerza más poderosa en el mundo. Permíteme amarte a Ti y a mi prójimo por Tu causa.*

Nov. 11 ***Den gracias en todas las circunstancias, pues esa es la Voluntad de Dios para ustedes en Cristo Jesús.*** —1 Ts 5:18

MEDITACION. La ingratitud es la enemiga de nuestras almas inmortales.

La ingratitud vacía nuestras almas de todo mérito, esparce sus virtudes y las priva de las gracias. *— San Bernardo*

ORACION. *Padre Todopoderoso, ayúdame a demostrarte mi gratitud por todas las cosas buenas que Tú me has otorgado. Permíteme también estar agradecido a todos aquellos que me ayudan en mi peregrinaje terrenal hacia Tu Reino celestial.*

Nov. 12 ***No me apartes cuando sea un anciano; no me olvides cuando me flaqueen las fuerzas.*** —Sal 71:9

MEDITACION. No espere llegar a una edad avanzada para ofrecerse a Dios.

Ofrézcale la flor de su juventud, lo cual Le será agradable y que El aceptará con el mayor amor. *— Santa Catalina de Siena*

ORACION. *Dios de todas las edades, otórgame que yo pueda entregarme a Ti en todas las edades de mi vida—juventud, adultez y vejez. Luego, en la ancianidad continúa ocupándote de mí.*

Hay quien trabaja, se fatiga y se apresura y, con todo, se queda atrás. **—Eclo 11:11**

Nov. 13

MEDITACION. Tenga mucho cuidado en conservar su salud.

El diablo emplea tretas para engañar las almas buenas. El las incita a hacer más de lo que pueden, para que así no puedan seguir haciendo nada. *— San Vicente de Paúl*

ORACION. *Padre Celestial, ayúdame a usar moderación en todo lo que hago. No permitas que trate de hacer más de lo que puedo y más de lo que Tú me pides—sino más bien hacer sólo Tu Voluntad.*

Si alguno desea servirme, deberá seguirme. **—Jn 12:26**

Nov. 14

MEDITACION. ¿Desea recibir gracia sobre gracia y crecer de virtud en virtud?

Entonces haga cada día las Estaciones de la Cruz. *— San Buenaventura*

ORACION. *Señor Jesús, ayúdame a hacer frecuentemente las Estaciones de la Cruz, y aún diariamente de ser posible. Concédeme que siguiéndote en esta devoción pueda obtener la gracia y el valor de seguirte en todos los hechos de mi vida diaria.*

Nov. 15

Dichosos los puros de corazón, porque ellos verán a Dios. —Mt 5:8

MEDITACION. La manera más segura y rápida para alcanzar la perfección es esforzarse por alcanzar la pureza de corazón.

Una vez eliminados los obstáculos, Dios encuentra una senda clara y obra maravillas tanto dentro como fuera del alma.

— *San Alberto Magno*

ORACION. *Padre Celestial, otórgame un corazón que sólo Te conozca y Te busque. Concédeme la gracia de mantener mi corazón libre de todos los cuidados mundanos e inclinarse solamente a las cosas espirituales.*

Nov. 16

Si quieres entrar en la vida, cumple los mandamientos. —Mt 19:17

MEDITACION. Los Diez Mandamientos se completan con los Preceptos Evangélicos de justicia y amor.

Juntos, éstos constituyen el marco para la supervivencia individual y colectiva.

— *San Juan XXIII*

ORACION. *Señor de la vida eterna, concédeme la gracia de seguir Tus Mandamientos y Preceptos Evangélicos de amor y justicia. Ayúdame a basar mi vida terrenal en Tu Ley y así alcanzar la vida eterna.*

La muerte ha sido sorbida por la victoria. "¿Dónde está, oh muerte, tu victoria? ¿Dónde está, oh muerte, tu aguijón?"
—1 Co 15:54-55

Nov. 17

MEDITACION. Los seres humanos por su naturaleza misma temen la muerte, pero hay un hecho sorprendente acerca de ello.

Aquellos que han depositado su fe en la Cruz desprecian aún lo que es naturalmente de temer. Por amor a Cristo, no tienen temor a la muerte. *—San Atanasio*

ORACION. *Señor Jesús, ayúdame a depositar toda mi confianza en Ti y enfrentar la muerte sin temor. Concédeme la gracia de permanecer fiel a Ti hasta la muerte y obtener la vida eterna contigo.*

Estén alerta contra toda clase de avaricia. La vida no depende únicamente de la abundancia de nuestras posesiones, aún cuando uno tiene más de lo necesario. **—Lc 12:15**

Nov. 18

MEDITACION. Todos sabemos que debemos ser inocentes de la avaricia.

Sin embargo, es una regla excelente para nosotros eliminar la avaricia aún más allá del alcance del escándalo. *—San Bernardo*

ORACION. *Dios generoso, ayúdame a evitar todas las clases de avaricia por los bienes de este mundo. Enséñame a acumular las riquezas espirituales que me asegurarán una vida eterna contigo en el cielo.*

Nov. 19 ***Soporten las dificultades como disciplina; Dios los está tratando como hijos.*** **—He 12:7**

MEDITACION. El sufrimiento es como un beso que Jesús, clavado en la Cruz, otorga a las personas que El ama de forma especial.

Por causa de este amor El quiere atraerlas para la obra de la Redención.

— San Buenaventura

ORACION. *Amante Señor, ayúdame a contemplar el sufrimiento como una señal de Tu amor especial hacia mí. Permíteme aceptarlo y sufrir junto a Ti por mi salvación y la de todo el mundo.*

Nov. 20 ***Si honras [el día santo] no haciendo lo que acostumbras ni haciendo tus negocios . . . entonces te gozarás en el Señor.*** **—Is 58:13-14**

MEDITACION. La perfección no consiste en herir el cuerpo.

Más bien ésta consiste en aplacar nuestra propia voluntad perversa.

— Santa Catalina de Siena

ORACION. *Padre Celestial, enséñame a detener mi propia voluntad sin freno. En vez de dejar libre mi cuerpo a mis propios caprichos, ayúdame a concentrarme en hacer Tu Voluntad en todas las cosas más bien que en las mías.*

Todas las palabras de mi boca son sinceras. . . . Todas son francas para el hombre inteligente. **—Pr 8:8-9**

Nov. 21

MEDITACION. Qué libro maravilloso es el corazón de María!

Dichosos aquellos que leen con comprensión lo que está escrito en él, porque aprenderán la ciencia de la salvación.

— San Juan Eudes

ORACION. *Señor Jesús, ayúdame a contemplar la ciencia de la salvación que se halla en el Corazón de Tu Madre. Concédeme que yo pueda imitarla en todas las cosas, porque ella fue Tu seguidora perfecta.*

Den gracias al Señor con la lira . . . cántenle un himno nuevo. **—Sal 33:2-3**

Nov. 22

MEDITACION. Sólo la persona "nueva" puede cantar un nuevo himno al Señor: la persona rescatada por la gracia de Dios después de haber caído.

Cantemos un nuevo himno no con nuestros labios sino con nuestras vidas. *— San Agustín*

ORACION. *Padre Celestial, ayúdame a cantarte cada día el himno de los redimidos. Permite que toda mi vida sea un canto ininterrumpido de acción de gracias y alabanzas a Ti.*

Nov. 23 ***Tomen, pues, la armadura de Dios, para que puedan resistir en el día malo.*** **—Ef 6:13**

MEDITACION. Sirvamos entonces en el ejército de Cristo, siguiendo con todas nuestras fuerzas Sus mandamientos sin mancha.

Los grandes no pueden existir sin los pequeños, como tampoco los pequeños sin los grandes. Ellos se unen para beneficio propio.

—San Clemente

ORACION. *Señor Jesús, ayúdame a ser un verdadero miembro de Tu ejército espiritual, que es Tu Cuerpo Místico. Permíteme que trate cada persona que me encuentro como un socio en Cristo y trabajar para el beneficio mutuo.*

Nov. 24 ***Yo soy el Pan vivo que bajó del cielo. Todo aquel que coma de este Pan vivirá para siempre.*** **—Jn 6:51**

MEDITACION. La Eucaristía es el estándar Católico verdadero para reconocer a un discípulo de Jesucristo.

Es en la Santa Comunión que nos reconocemos unos a otros. *—San Pedro Eymard*

ORACION. *Señor Jesús, concédeme que yo pueda sentir un amor incomparable por la Sacratísima Eucaristía. Ayúdame a estar estrechamente unido con todos aquellos que Te reciben en la Santa Comunión.*

Yo decidí, mientras estaba entre ustedes, no saber nada excepto a Jesucristo, y éste crucificado. **—1 Co 2:2**

Nov. 25

MEDITACION. Cuando meditemos sobre la Pasión de nuestro Señor Jesucristo, debemos mostrar compasión por Sus sufrimientos.

Entonces, debemos contemplarlo con amor en este estado y por ese amor hacer nuestros los sufrimientos que El soportó.

— *San Pablo de la Cruz*

ORACION. *Padre compasivo, permíteme aprender a sentir compasión por mi Señor crucificado. Enséñame a pensar en Sus sufrimientos y de alguna forma hacerlos parte de mi vida cada día.*

Bendición y gloria, sabiduría y acción de gracias, honor, poder y fortaleza sean a nuestro Dios por los siglos de los siglos. **—Ap 7:12**

Nov. 26

MEDITACION. Debemos recordar siempre todos los beneficios que hemos recibido de Dios durante nuestra vida.

Felices seremos si nos esforzamos en darle gracias a Dios por ellos. — *San Bernardo*

ORACION. *Padre Celestial, gracias Te doy por Tus innumerables dones maravillosos—tanto naturales como sobrenaturales—que has derramado sobre mí. Nunca me dejes olvidar Tu bondad hacia mí.*

Nov.
27

Vamos a orar para que el Señor nos conceda Su misericordia y protección. **—Tob 8:4**

MEDITACION. No hay santidad sin la gracia de Dios.

Y esta gracia se puede obtener por nuestra oración. — *San Pío X*

ORACION. *Dios de santidad, derrama sobre mí todas las gracias que necesito para ser un verdadero seguidor de Tu Hijo Jesús. Ayúdame a orar con frecuencia para alcanzar Tu gracia salvadora.*

Nov.
28

Todo lo que Dios hace es apropiado a su tiempo. **—Ec 3:11**

MEDITACION. Cada momento de nuestras vidas nos llega investido con un orden de Dios.

Y lo que hacemos con éste será parte de toda la eternidad. — *San Francisco de Sales*

ORACION. *Padre Celestial, permíteme aprovechar al máximo cada momento que Tú me das. Concédeme que yo pueda construir la eternidad con los momentos que Tú me concedes en la tierra.*

El mensaje de la Cruz es . . . el poder de Dios. **—1 Co 1:18**

Nov. 29

MEDITACION. Los Cristianos se deben apoyar sobre la Cruz de Cristo al igual que los viajeros se apoyan en el cayado al comenzar una larga jornada.

Ellos deben tener la Pasión de Cristo profundamente grabada en sus mentes y corazones, porque solamente de ella pueden lograr paz, gracia y verdad. *—San Antonio de Padua*

ORACION. *Señor Jesús, permíteme confiar siempre en el poder de Tu Cruz. Concédeme que yo pueda obtener la salvación que Tu nos ganaste con Tu Pasión y Resurrección.*

Mi reino no es de este mundo. **—Jn 18:36**

Nov. 30

MEDITACION. Jesús es Rey porque El gobierna las almas y les proporciona la salvación eterna.

El es Rey porque conduce a Su Reino eterno a todos aquellos que creen y esperan en El y viven en Su amor. *—San Agustín*

ORACION. *Señor Jesús, yo Te reconozco como Rey del universo y Te ruego que ejercites sobre mí todos Tus derechos. Ayúdame a ofrecerte todas mis acciones para obtener que todos los corazones puedan reconocer Tu Reino Sagrado.*

Dic. 1 ***Aprovechen al máximo todas sus oportunidades, porque los días son malos.*** **—Ef 5:16**

MEDITACION. No permitamos que esta santa estación de Adviento se nos escape sin frutos espirituales.

Es el tiempo de la salvación; aprovechémonos de él. — *Santa María Eufrasia*

ORACION. *Dios de misericordia, enséñame a vivir de acuerdo con Tu Año Litúrgico. Ayúdame a estar lleno de los sentimientos propios del Adviento y prepararme apropiadamente para el nacimiento renovado de Tu Hijo en mi corazón.*

Dic. 2 ***Compañero soy de cuantos Te veneran.*** **—Sal 119:63**

MEDITACION. Cultive la amistad de los demás. Es el consuelo de esta vida encontrar a alguien que es un confidente en los misterios de nuestra alma.

La fuente de la amistad Cristiana no es otra que Dios. — *San Agustín*

ORACION. *Padre Celestial, ayúdame a buscar amigos verdaderamente Cristianos. Permíteme ser siempre un amigo fiel de ellos, trabajando por su bien espiritual como también por el material.*

Jesús, por el gozo que se Le ofrecía, soportó la Cruz.

—He 12:2

Dic.
3

MEDITACION. Estoy en un país donde faltan todas las amenidades de la vida.

Pero estoy lleno de muchos consuelos interiores. De hecho, ¡corro el riesgo de llorar hasta agotar mis lágrimas por el júbilo que siento! — *San Francisco Javier*

ORACION. *Padre Celestial, concédeme el consuelo interior de poseer júbilo espiritual en todas las circunstancias. Déjame estar tan unido a Ti que soporte con júbilo todas las tribulaciones.*

Tengo mucho más que decirles a ustedes, pero no pueden soportarlo ahora.

—Jn 16:12

Dic.
4

MEDITACION. Dios lo sabe todo y provee lo que es beneficioso para cada uno.

El reveló lo que nos conviene saber. Pero mantuvo en secreto lo que no podemos resistir ahora. — *San Juan Damasceno*

ORACION. *Señor Jesús, ayúdame a meditar cada día sobre Tu Revelación. Concede que aprendiendo totalmente lo que Tú has revelado, algún día yo pueda alcanzar en el cielo el conocimiento de todo lo que no revelaste.*

Dic. 5 ***Estas son las fiestas solemnes del Señor, que deben celebrarse en el día apropiado con una reunión sagrada.*** **—Lev 23:4**

MEDITACION. La Eucaristía es el sol de las fiestas de la Iglesia.

Derrama su luz sobre estas fiestas y las hace alegres y jubilosas. *—San Pedro Eymard*

ORACION. *Señor Jesús, ayúdame a participar en la Eucaristía con verdadera devoción durante todo el año. Permíteme encontrarte en Tus Misterios y permanecer unido a Ti cada día de mi vida.*

Dic. 6 ***No me arrojes lejos de Tu presencia ni quites de mí Tu Espíritu Santo.*** **—Sal 51:13**

MEDITACION. Cuando el Espíritu Santo está en el alma, El se comunica a Sí Mismo de una u otra forma.

Podemos decir que El hace que la virtud se contagie y convierta a un simple fiel en apóstol. *—San Claudio de la Colombiére*

ORACION. *Padre Celestial, concédeme que Tu Espíritu Santo me inspire para ser un verdadero seguidor de Tu Hijo Jesús. Haz que El siempre more en mí y me mantenga siempre en la senda de la santidad.*

Ustedes son un linaje escogido, un sacerdocio regio, una nación santa. **—1 Pe 2:9**

Dic. 7

MEDITACION. Todos los hijos de la Iglesia son sacerdotes. En el Bautismo recibieron la unción que les da participación en el sacerdocio.

El sacrificio que deben ofrecer a Dios es completamente espiritual—ellos mismos.

— San Ambrosio

ORACION. *Padre Santo, enséñame a ofrecerme yo mismo a Ti con todos mis pensamientos, palabras y obras. Permíteme también ejercer mi "sacerdocio común" por la fiel participación en la Misa.*

Amarás al Señor tu Dios con todo tu corazón, y con toda tu alma y con todas tus fuerzas y con toda tu mente. **—Lc 10:27**

Dic. 8

MEDITACION. El amor por Cristo atravesó el corazón de María de tal forma que lo iluminó completamente.

Así María cumplió el primer mandamiento de amor en toda su plenitud y sin la más mínima imperfección. *— San Bernardo*

ORACION. *Padre Celestial, ayúdame a imitar a Tu Inmaculada Hija María en su amor por Ti. Concédeme la gracia de amarte todo lo que yo pueda durante toda mi vida.*

Dic. 9 ***¡Ojalá fueras frío o caliente!; mas porque eres tibio y no eres caliente ni frío . . . te arrojaré de Mi boca.*** **—Ap 3:15**

MEDITACION. El Verbo de Dios se mueve rápidamente. No lo ganan los tibios ni lo mantienen los negligentes.

Estén atentos a Su mensaje y sigan diligentemente la senda que Dios les dice que sigan. Porque El es rápido en pasar.

— San Ambrosio

ORACION. *Señor Jesús, ayúdame a evitar la tibieza en mi vida espiritual. Concédeme una fe, esperanza y amor ardientes de manera que pueda ser celoso en seguirte a Ti cada día.*

Dic. 10 ***Dijo Jesús a Simón: "Boga mar adentro y echa tus redes para la pesca."*** **—Lc 5:4**

MEDITACION. La barca de Pedro se burla de los vientos y de las olas.

Esta tiene los Santos como pasajeros, la Cruz como su mástil, las enseñanzas del Evangelio como sus velas, los ángeles como sus remeros y Dios como su Piloto.

— San Juan Crisóstomo

ORACION. *Padre Celestial, enséñame a confiar en Tu Iglesia como la Barca de Salvación en este mundo. Concédeme que pueda trabajar y orar para permanecer a flote con ella en medio de las tormentas de la vida.*

Ningún hombre debe buscar su propio bien, sino el bien de los demás. **—1 Co 10:24**

Dic. 11

MEDITACION. La ley del amor nos obliga a amar lo que es bueno para nosotros.

Pero también nos obliga a amar lo que es bueno para nuestro prójimo.

— San Francisco de Sales

ORACION. *Padre de todos, ayúdame a preocuparme verdaderamente por los demás que también son Tus hijos. Concédeme que por amor a Ti yo pueda amar a los demás como me amo a mí mismo.*

¿Quién es ésta que se levanta como la aurora . . . terrible como un ejército dispuesto para la batalla? **—Cnt 6:10**

Dic. 12

MEDITACION. María es un arsenal de gracias y ella viene en ayuda de sus devotos.

Ella nos sostiene, fortalece y revive por los favores celestiales que derrama sobre nosotros. *— San Paulino*

ORACION. *Señor Jesús, ayúdame a convertirme en un devoto de Tu santa Madre María. Por Tu gracia, pueda yo recibir la fuerza espiritual que ella ha prometido a todos sus devotos.*

Dic. 13

No se preocupen en acumular tesoros en la tierra. . . . Almacenen para sí mismos los tesoros en el cielo, donde ni las polillas ni el orín los destruye, ni los ladrones pueden venir y robarlos. **—Mt 6:19-20**

MEDITACION. No perdamos nada de lo que el Señor nos otorga. Las dificultades y los sufrimientos desaparecerán, pero el mérito que adquirimos con nuestra fidelidad permanecerá para siempre.

Por lo tanto, construyamos nuestra eternidad con todas las cosas que terminan.

— *Santa Juana Francisca de Chantal*

ORACION. *Padre que estás en el cielo, enséñame a almacenar un tesoro de méritos para la eternidad. Concédeme que yo pueda usar esta vida terrenal para ser la persona que Tú quieres que yo sea en la eternidad.*

Dic. 14

Lleven una vida digna del Señor y agradable para El en todas las formas, produciendo fruto en toda buena obra. **—Col 1:10**

MEDITACION. Esfuércense constantemente en agradar a Dios y pídanle que cumpla Su Voluntad en ustedes.

Amenlo con todas sus fuerzas; porque ustedes se lo deben todo. — *San Juan de la Cruz*

ORACION. *Dios de poder y fuerza, permíteme hacer siempre las cosas que Te agradan. Porque Tú eres mi mayor Benefactor y mi Unico Dios.*

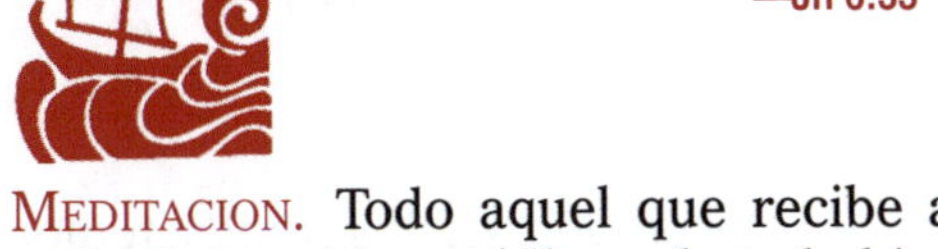

El Pan de Dios es el que bajó del cielo y da la vida al mundo.
—Jn 6:33

Dic. 15

MEDITACION. Todo aquel que recibe a Jesús en la Comunión está lleno de todo bien.

Sus tentaciones son vencidas. Sus problemas se convierten en júbilo. Y su piedad encuentra alimento. — *San Antonio de Padua*

ORACION. *Señor Jesús, ayúdame a recibirte frecuentemente en la Comunión y con fervor. Concédeme que todas mis Comuniones me capaciten para hacer el bien, evitar el mal y vivir siempre como un Cristiano dedicado.*

Lucha por la justicia, la rectitud, la fe, el amor, la perseverancia y la gentileza. **—1 Ti 6:11**

Dic. 16

MEDITACION. La virtud es algo maravilloso para nosotros.

Es el bien de la vida, el fruto de una conciencia limpia y la paz del inocente.

— *San Ambrosio*

ORACION. *Padre Celestial, ayúdame a acrecentar la virtud en mi vida. Déjame comprender que cultivando todas las virtudes obtendré la felicidad no solamente en el cielo sino también aquí en la tierra.*

Dic. 17

Mi corazón y mi carne saltan de júbilo por el Dios vivo.
— Sal 84:3

MEDITACION. Desee ver a Dios, tenga temor de perderlo y encuentre júbilo en todo lo que pueda llevarlo a El.

Si actúa de esta forma siempre vivirá en gran paz. *— Santa Teresa de Avila*

ORACION. *Dios Vivo, déjame desear verte y hacer uso de todo lo que lleva a Ti. Concédeme que pueda vivir de tal forma que pueda ganar Tu bendita visión en el cielo.*

Dic. 18

Guiamos nuestros pasos por la fe, no por lo que vemos.
—2 Co 5:7

MEDITACION. La fe es como un rayo brillante de sol.

Nos capacita para ver a Dios en todas las cosas como también todas las cosas en Dios.
— San Francisco de Sales

ORACION. *Padre Celestial, ayúdame a hacer iluminar el reflector de Tu fe en el mundo en que vivo. Concede que yo pueda verte en todas partes y servirte en todo.*

Mira que estoy en la puerta y llamo. Si alguno escucha Mi voz y abre la puerta, Yo entraré a él y cenaré con él.

—Ap 3:20

Dic. 19

MEDITACION. Habla de Jesús y Le darás júbilo a Su Corazón.

Tu propio corazón se abrirá ante los rayos de este Sol de Bondad como flores húmedas y heladas en una mañana de primavera.

— San Pedro Eymard

ORACION. *Señor Jesús, déjame aprender a abrirte la puerta de mi corazón y hablar contigo cada día. Déjame inundarme con la tibieza de Tu amor y dirección de manera que yo pueda seguirte más de cerca cada día.*

¡Tú, oh Dios, eres mi fortaleza, mi amante Dios!

—Sal 59:18

Dic. 20

MEDITACION. En las tribulaciones vuélvanse a Dios con confianza. Obtendrán fuerzas, luz y sabiduría.

En las alegrías y los éxitos, vuélvanse a Dios con temor y sinceridad. Así escaparán de todas las trampas y se verán libres de toda falsedad. *— San Juan de la Cruz*

ORACION. *Padre Celestial, permíteme acudir a Ti en los buenos y malos tiempos que pueda encontrar en mi vida. Concédeme que siempre pueda mantenerme en amante unión contigo sin importar qué adversidades o alegrías me acontezcan.*

Dic. 21 ***El Poderoso ha obrado grandes cosas en mí, y santo es Su Nombre.*** **—Lc 1:49**

MEDITACION. Mientras sigue siendo la Madre de nuestro Juez, María es también una madre para nosotros, llena de misericordia.

Ella constituye nuestra protección. Ella nos mantiene cerca de Cristo y ella toma fielmente a su cargo la causa de nuestra salvación. *— San Pedro Canisio*

ORACION. *Padre Celestial, Tú has llenado a María con la gracia y la hiciste Socia de Cristo Tu Hijo. Permíteme poder acudir constantemente hasta ella y obtener la salvación que ella ayudó a ganar para el mundo.*

Dic. 22 ***Un Niño nos ha nacido, nos ha sido dado un Hijo, que tiene sobre Sus hombros la soberanía.*** **—Is 9:5**

MEDITACION. Al adorar el nacimiento de nuestro Salvador, es nuestro origen lo que celebramos. La generación temporal de Cristo es la fuente del pueblo Cristiano, el nacimiento de Su Cuerpo Místico.

Todos nosotros hallamos en este Misterio un nuevo nacimiento en Cristo.

— San León Magno

ORACION. *Padre Celestial, al celebrar el nacimiento de Tu Hijo en la tierra, permíteme celebrar también mi nacimiento en Su Cuerpo Místico. Concédeme que así pueda acercarme más a Ti en unión con Tu Hijo Unigénito.*

Cuando Cristo llegó al mundo, El dijo . . . "Yo he venido para hacer Tu Voluntad, oh Dios." . . . Con un solo ofrecimiento El perfeccionó para siempre a aquellos que Tú has santificado. —**He 10:5**

Dic. 23

MEDITACION. Jesucristo, el Dios-Hombre, nació en un pesebre y renace espiritualmente en el altar. El sufrió en el Calvario y continúa ofreciéndose a Sí Mismo en el altar.

En Su vida terrenal El extendió Sus enseñanzas y obró Sus milagros entre las multitudes. En la Eucaristía, El abarca los siglos y Se comunica con todos los hombres.

— San Juan Crisóstomo

ORACION. *Padre Celestial, contemplando el nacimiento de Tu Hijo en el tiempo y en la Eucaristía, permíteme que yo pueda tener un nuevo nacimiento.*

Y el Verbo se hizo carne y habitó entre nosotros. —**Jn 1:14**

Dic. 24

MEDITACION. Los rayos del sol iluminan el mundo sin separarse jamás del sol.

De igual manera, el Hijo de Dios baja a la tierra para iluminarnos sin separarse a Sí Mismo del Padre con Quien forma un todo.

— San Antonio de Padua

ORACION. *Ven, Señor Jesús, y dame nuevo valor, pues confío en Tu amor. Con Tu renacer en la Navidad y en la Eucaristía, elévame a Tu gloria celestial.*

Dic. 25 ***María dio a luz a su Hijo primogénito, y le envolvió en pañales y le acostó en un pesebre.*** **—Lc 2:7**

MEDITACION. Aquel que está sentado en el trono del cielo fue acostado en un establo.

¡Un Dios inaccesible es tocado por las manos de los hombres! *—San Juan Crisóstomo*

ORACION. *Padre Celestial, permíteme dar la bienvenida a Tu Hijo como mi Redentor ahora. Después ayúdame a ir a Su encuentro con confianza cuando El venga a ser mi Juez al terminar mi vida en la tierra.*

Dic. 26 ***Dios es amor y todo aquel que continúa amando reside en Dios y Dios en él.*** **—1 Jn 4:16**

MEDITACION. El amor es la fuente de todas las cosas buenas. Es una defensa inexpugnable y el camino que conduce al cielo.

Aquellos que marchan en el amor no pueden extraviarse ni sentir temor. El amor los guía y protege y los lleva seguramente hasta el final de la jornada. *—San Fulgencio*

ORACION. *Padre Amante, derrama Tu amor en mi corazón y ayúdame siempre a actuar de acuerdo con él. Permíteme ser regido por Tu amor en todas las cosas de manera que pueda experimentarlo por completo contigo en el cielo.*

Hemos visto Su gloria, gloria como Unigénito del Padre, lleno de gracia y verdad.

—Jn 1:14

Dic. 27

MEDITACION. El Verbo es visible solamente al corazón, mientras que la carne es visible también a los ojos del cuerpo.

El Verbo se hizo carne para que pudiéramos verlo, para curar nuestra parte por la que podemos ver al Verbo. *— San Agustín*

ORACION. *Dios Invisible, ayúdame a ver a Jesús hecho hombre como un reflejo visible de Ti. Permíteme así llegar a conocerte, estar lleno de amor por Ti y desear estar contigo para siempre.*

¡Venid, cantemos al Señor; elevemos voces de júbilo a la Roca de nuestra salvación!

—Sal 95:1

Dic. 28

MEDITACION. Nosotros no usamos solamente nuestras voces y bocas cuando entonamos una canción.

Expresamos un cántico interior porque hay Alguien en nosotros Que nos escucha.

— San Agustín

ORACION. *Padre Celestial, permíteme cantar Tus alabanzas con todos mis pensamientos, lo que digo o hago. Concédeme que toda mi vida refleje Tu presencia perdurable en mí para cuantos encuentro.*

Dic. 29 ***He combatido el buen combate, he terminado mi carrera, he guardado la fe. Ya me está preparada la corona de la justicia.*** **—2 Ti 4:7**

MEDITACION. Recuerden cómo obtuvieron la corona por aquellos cuyos sufrimientos dieron un nuevo resplandor a su fe.

Toda la compañia de los Santos son testigos de la inquebrantable verdad que sin un esfuerzo genuino nadie gana la corona.

— Santo Tomás Becket

ORACION. *Señor de la gloria, ayúdame a alcanzar la corona de gloria que Tú guardas para mí. Concédeme la gracia de hacer un esfuerzo continuo y dedicado para llevar una buena vida hasta el mismo final.*

Dic. 30 ***He reprimido y callado mi alma . . . como un niño destetado.*** **—Sal 131:2**

MEDITACION. Esfuércese por acostumbrarse a sí mismo a renunciar a las cosas que tiene en su corazón y las pequeñas satisfacciones que desea.

Este es el secreto que le permite conservar la paz del alma. *— San Francisco de Sales*

ORACION. *Dios de paz, permíteme estar en paz conmigo mismo y con mis deseos. Enséñame a depositar toda mi confianza en Ti y desear solamente lo que Tú deseas para mí.*

Lo que les digo a ustedes, lo digo a todos: ¡Manténganse alerta! —Mc 13:37

Dic. 31

MEDITACION. Estén alerta y vigilantes. Es por designio que Jesús ocultó el último día de nosotros.

El desea que estemos esperándole cada día de nuestras vidas. — *San Agustín*

ORACION. *Señor Jesús, ayúdame a estar alerta y en guardia para Tu Segunda Venida al mundo o a mi vida en la muerte. Permíteme estar preparado cada día para ir a Tu encuentro en la eternidad.*

ORACIONES PARA CADA DIA

Oración a la Santísima Trinidad por las Gracias de Cada Día

GRACIAS al Padre, Hijo y Espíritu Santo por todas las gracias derramadas sobre mí en el pasado.
Gracias al Padre, Hijo y Espíritu Santo
por las gracias derramadas sobre mí ahora.
Gracias al Padre, Hijo y Espíritu Santo
por las gracias con que la Suprema Bondad me coronará en el futuro.

Oración al Padre para Vivir Cada Día

PADRE Celestial,
no importa qué pueda sucederme,
no permitas que jamás pierda mi celo por la vida
o mi aprecio por este mundo hermoso
que Tú has creado y puesto a mi disposición.
Mantén siempre a mis ojos la gloria de vivir,
la maravillosa frescura de cada nuevo día,
y la magnificencia de las criaturas a nuestro alrededor
cuando cantan Tus alabanzas por su existencia.

No me dejes pensar en mis problemas
y ser ciego a las maravillas de la vida.
Enséñame cómo tomar cada día
para darte las gracias por todos Tus dones,
cantando Tu gloria con todas Tus criaturas
en unión con Tu Hijo Jesucristo.

Oración para Traer a Cristo a Nuestro Día

SEÑOR Jesús,
presente en el Santísimo Sacramento del altar
ayúdame a apartar de mi mente
todos los pensamientos que Tú no apruebas
y de mi corazón
todas las emociones que Tú no alientas.
Permíteme pasar todo mi día
trabajando junto a Ti,
haciendo las tareas que Tú me has confiado.
Sé conmigo en cada momento de este día;
durante las largas horas de trabajo,
que nunca me canse o fatigue en Tu servicio;
durante mis conversaciones,
que éstas no sean para mí
ocasiones de desprecio hacia los demás;
durante los momentos de preocupación y tensión,
que yo permanezca paciente y en calma espiritual;
durante los períodos de fatiga y enfermedad,
que pueda olvidarme de mí mismo y pensar en los demás;
durante los momentos de tentación,
que pueda hallar refugio en Tu gracia.
Ayúdame a seguir siendo generoso y leal a Ti este día
y así ser capaz de ofrecértelo todo a Ti
con los triunfos que he logrado con Tu ayuda
y los fracasos que he tenido
por mi propia culpa.
Permíteme llegar a la maravillosa comprensión
que la vida es muy real
cuando se vive contigo como Huésped
de mi alma.

Oración por los Dones del Espíritu Santo

OH Espíritu Santo, ven,
Danos el ansiado bien
De Tu lumbre celestial;

Padre del pobre clemente,
De eternos dones la fuente,
Luz para todo mortal.

Supremo consolador,
Huésped del alma, dulzor,
Refrigerio en los rigores,

Dulce tregua en la fatiga,
Templanza que ardor mitiga,
Consuelo en nuestros dolores.

Luz sacrosanta del mundo,
Abrasa lo más profundo
Del corazón de Tus fieles;

Sin Tu bella claridad
Sólo existiría maldad
Y serían los hombres crueles.

Limpia toda sordidez,
Fructifica la aridez,
Sana lo que se halla herido,

Doblega la vanidad,
Enardece la frialdad,
Torna recto lo torcido.

Bríndales la concesión
De Tu *septiforme don*
A la grey que en Ti confía.

Ungelos con la virtud,
Dales éxito y salud
Y perdurable alegría.
Amén. Aleluya.

NUEVOS LIBROS CATOLICOS

RECEMOS EL SANTO ROSARIO—Por el Rev. J. M. Lelen, Ph.D. —Un pequeño libro muy popular y manuable. Apropiado para llevar en el bolso. Cada Misterio gloriosamente ilustrado A TODO COLOR para inspirar la amorosa meditación. **No. 48/S**

LIBRO DE LOS SANTOS—Las vidas de los Santos ilustradas a todo color para jóvenes y adultos. Este magnífico libro representa las vidas de más de 100 Santos en palabras e imagenes. **No. 236/S**

TESORO DE ORACIONES—Por el Rev. Lorenzo Lovasik, S.V.D. Unas cuarenta Novenas populares, esmeradamente preparadas para uso privado dentre del marco litúrgico y Fiestas del Señor, de María y de algunos Santos. Ilustrado en color. **No. 346/22S**

CATECISMO ILUSTRADO SAN JOSE—Por el Rev. A. Lodders, C.SS.R.—Enseñanzas Católicas Esenciales. Este libro dará a padres, niños y maestros—de hecho a todos los interesados —las respuestas correctas acerca de los fundamentos de la Fe Católica. Ilustrado en color. **No. 68/S**

LA BIBLIA ILUSTRADA—Historias bíblicas para toda la familia. Tipo grande, ilustraciones a todo color. **No. 436/22S**

LIBRO CATOLICO DE ORACIONES—Por el Rev. M. Fitzgerald. Tipo grande. Contiene oraciones Católicas favoritas: para todos los días; para la Misa; a la Sma. Trinidad; a María; y los Santos. Ilustrado en color. **No. 438/S**

EL NIÑO JESUS DE PRAGA—Por el Rev. L. Nemec. Este hermoso libro contiene una condensada historia de la devoción al Niño Jesús y una multitud de oraciones para todas ocasiones y para varias estatuas de vida. Ilustrado. **No. 439/S**

---

catholicbookpublishing.com

See more

titles now.

ISBN 978-1-937913-58-8
90000
9 781937 913588